Bertrand La

Consultant ?
Consultant !

Tribulations, théories, pratiques et anecdotes sur le métier mondial du conseil à l'intention des consultants et des clients

Préface de Xavier Durand,
Directeur Général de la COFACE

« Réfléchir en stratège, agir en Barbare »
René Char

A Pascale, Hugo, Alix, Inès

A Alessandro, Ann, Brian, Christian, Claude, David, Didier, François, Freddie, Georges, Gerhard, Sir Gerry, Gilles, Hermann-Joseph, Jacques, Jean-Claude, Jean-Jacques, Jean-Yves, Jimmy, John, Josep, Pascal, Ricardo, Thierry

A Aiman, Akira, André, Anirban, Christian, Christophe, Claire, David, Dirk, Éric, François, Harold, Helena, Jack, Joao-Paolo Jean-Francis, Joseph, Marie-Ange, Matthew, Marion, Michel, Milena, Petrina, Pierre, Pierre-Yves, Roberto, Sherwin, Ramki, Martina, Martine, Nadine, Xavier

A Serge, Paul, Bob, Bernd, Jacques

Sommaire

PREFACE PAR XAVIER DURAND 10

INTRODUCTION : CONSULTANT ? CONSULTANT ! PLAIDOYER POUR UNE PROFESSION FORMIDABLE 13

CHAPITRE 1 : UNE CARRIERE, QUELLE CARRIERE ? 17

   1.1) Emergence d'une intime conviction 17
   1.2) Formation et apprentissage 18
      1.2)1. Une formation variée 20
      1.2)2. « fare l'ingienere » 22
   1.3) Démarrage dans le conseil 23
      1.3)1. Intrusion dans le monde américain et de Harvard 24
      1.3)2. Enseignant à HEC Paris 25
      1.3)3. Entré dans la banque par effraction 26
      1.3)4. Apprendre l'humilité (si possible) 28
      1.3)5. Affirmer un style de conseil ? 30
   1.4) L'aventure Capgemini 31
      1.4)1. Gemini Consulting ou l'art de la transformation 32
      1.4)2. Assurer l'ancrage dans les Services Financiers 33
      1.4)3. De Consultant à Manageur 34
      1.4)4. Internet, Internet, Internet ! 35
      1.4)5. L'e-marketing, toujours d'actualité 36
      1.4)6. Gérer les crises, préparer la croissance 37
      1.4)7. De la France au Monde 39
      1.4)8. Un secteur très focalisé et intégré 41
      1.4)9. Baisser le cout moyen, augmenter les marges 43
      1.4)10. Un siège éjectable 45
   1.5) Revenir au conseil, différemment 46

CHAPITRE 2 : LE CONSEIL ? DES CONSEILS ! 47

   2.1) Les différents types de consulting 47
      2.1)1. Le conseil en stratégie 47
      2.1)1.1. Stratégie ? 49
      2.1)1.2. « Une bonne stratégie : 1% de génie, 99% de sueur » 53
      2.1)2. Le conseil en management 56
      2.1)3. Le conseil en systèmes d'information (SI) 58
   2.2) Les qualités et les défauts 63
      2.2)1. La valeur ajoutée du conseil 63
      2.2)1.1. L'apport de contenu : que faire ? 64
      2.2)1.2. L'apport méthodologique : comment faire ? 67
      2.2)1.3. L'apport de consensus : comment fédérer ? 68
      2.2)1.4. L'apport de « comfort » : rassurez-moi dans mes choix ! 71
   2.3) Le développement commercial 71

2.3)1.	Les relations personnelles	72
2.3)2.	La gestion de compte	74
2.3)3.	Les appels d'offres	77
2.3)4.	La gestion des contrats	79
2.3)5.	Les Achats, un mal utile ?	82

2.4) Contenu versus process, et contenu et process *83*
2.5) Les exigences du métier *85*
2.6) L'écrit et l'oral *88*

2.6)1.	L'écrit	89
2.6)2.	L'oral	93
2.6)3.	Zoom, zoom, zoom	96
2.6)4.	L'art d'écrire une proposition	97

2.7) La beauté et la frustration du métier *103*
2.8) Gérer les « périodes » internes des clients et du consultant *107*
2.9) L'équation du changement *109*
2.10) La gestion des femmes et des hommes *113*

2.10)1.	L'évaluation au cœur du système	113
2.10)2.	Les axes fondamentaux	115
2.10)3.	Accompagner la maturation professionnelle	117

2.11) Conseils aux utilisateurs de consultants *118*

CHAPITRE 3 : D'ANALYSTE A PARTNER : UN PARCOURS DE PROFESSIONNALISATION **121**

3.1) Les grades et leurs caractéristiques *123*

3.1)1.	Analyste	123
3.1)2.	Consultant	124
3.1)3.	Senior consultant	126
3.1)4.	Manager / Senior Manager (aussi appelé Principal, ou Senior Engagement Manager)	126
3.1)5.	Partner et Senior Partner	129

CHAPITRE 4 : PARTENAIRE, MON AMOUR ! **135**

4.1) Philosophie *136*
4.2) Mode de fonctionnement *140*
4.3) Modes de rémunération *142*
4.4) Les risques des partenariats *143*
4.5) La vie quotidienne d'un partenaire *146*

CHAPITRE 5 : L'INTERNATIONALISATION DU CONSEIL : MARIN BRETON ET « WORLD CITIZEN » **156**

5.1) Introduction : l'international pour suivre les clients et acquérir une masse critique *156*
5.2) Faire fonctionner une équipe internationale *159*
5.3) La maitrise des langues *165*

CHAPITRE 6 : 1+1=3 .... **168**

6.1)	Les clés du succès	*168*
6.2)	Les phases	*174*
6.2)1.	Screening	175
6.2)2.	Négociation	177
6.2)3.	Intégration	182
6.3)	Gérer les banquiers d'affaires	*186*

CHAPITRE 7 : OBSERVATIONS SUR LE MANAGEMENT 188

7.1)	Les contextes clients	*188*
7.2)	Le courage et l'insouciance	*189*
7.3)	Les types de patron	*190*
7.4)	La paranoïa du patron	*193*
7.5)	La dissociation de l'homme et du professionnel	*194*
7.6)	Les erreurs	*196*
7.7)	La gestion up and down	*198*
7.8)	La relation avec les analystes financiers	*199*
7.9)	Faire carrière	*201*
7.10)	De res feminae	*202*

CHAPITRE 8 : LA FINANCE EN MUTATION GENETIQUE 204

8.1)	Le risque	*204*
8.2)	Des chiffres sans chiffres	*207*
8.3)	Les régulateurs	*209*
8.4)	Le digital	*213*
8.5)	Banquiers et assureurs	*216*

CHAPITRE 9 : UN AVENIR RADIEUX 218

9.1)	Les fondamentaux	*218*
9.2)	Les tendances	*221*

CONCLUSION 226

ANNEXE : MON PETIT VADEMECUM DES PAYS 228

1.	Allemagne	*228*
2.	Angleterre	*230*
3.	Belgique	*233*
4.	Chine	*233*
5.	Espagne	*238*
6.	Etats Unis, Canada	*240*
7.	France	*244*
8.	Hollande	*246*
9.	Inde	*248*
10.	Italie	*251*
11.	Japon	*254*

12.	*Pays de l'Est*		*257*
13.	*Pays nordiques*		*260*
14.	*Suisse*		*263*
15.	*Autres pays*		*264*
	15.1)	*Afrique*	*264*
	15.2)	*Arabie Saoudite/Emirats Arabes Unis*	*265*
	15.3)	*Argentine*	*266*
	15.4)	*Australie*	*267*
	15.5)	*Brésil*	*268*
	15.6)	*Ecosse*	*268*
	15.7)	*Portugal*	*269*

REMERCIEMENTS **272**

REFERENCES/BIBLIOGRAPHIE **273**

INDEX DES NOMS CITES **275**

Préface par Xavier Durand

Directeur Général
COFACE

Tout ce que vous avez toujours voulu savoir sur le conseil, sans jamais savoir à qui le demander....

« Cadeau bon marché : conseil ». C'est ainsi que l'esprit malicieux de Tristan Bernard définissait un conseil. Un siècle plus tard, s'il était encore en vie, il serait surpris de voir à quel point les prix ont augmenté !

Le livre de Bertrand Lavayssière nous en dit davantage sur ces « cadeaux », et recèle un grand nombre d'informations pour qui porte un intérêt à ce métier un peu mystérieux qu'est le Conseil. A la fois sur la façon dont il s'organise, son évolution, et certaines de ses réalités pratiques. Il intéressera ceux qui veulent y faire carrière comme ceux qui doivent faire appel aux services d'un consultant, ce qui est probablement le cas de la plupart des managers dans le monde moderne.

J'ai moi-même fait ce métier au début de ma carrière, au sein du Groupe MAC avec Bertrand. J'en garde un souvenir formidable : quelle incroyable opportunité pour un débutant comme moi de plonger au cœur de problématiques passionnantes, nouvelles, dans un contexte client réel et complexe, sous contrainte de temps, de ressources et de résultats !

L'opportunité aussi de réaliser les limites et les frustrations de l'exercice qui se joue proche, très proche - mais toujours en dehors - du pouvoir et de la responsabilité, c'est-à-dire de la capacité de décider et de mener l'exécution à long terme. Métier aussi qui prend souvent le pari qu'une tête bien faite saura apprendre et faire, en même temps, mieux que le client par lui-même ne le pourrait. L'auteur le dit : toute la question est de savoir si l'on pense apporter une plus-value supérieure de l'extérieur ou de l'intérieur d'une entreprise. Pour les raisons évoquées précédemment, j'ai de mon côté décidé de ne pas poursuivre dans cette voix mais de devenir manager moi-même. Et il m'a fallu du temps pour apprendre à utiliser le conseil et pouvoir justifier son coût de façon efficace : pour affûter son expertise, pallier un manque de ressources temporaires ou accélérer la résolution d'un problème par exemple. Pour cela, le Conseil est irremplaçable.

Pour celles et ceux que ce chemin séduit, l'ouvrage nous montre à quel point cette activité est au cœur des mutations en cours, technologiques et géopolitiques, des législations changeantes, des risques globaux qui n'ont peut-être jamais été aussi complexes à saisir et à objectiver. Il y a ce que l'on sait, il y a ce que l'on sait ignorer, mais il y a surtout ce que l'on ignore que l'on ignore. La responsabilité de tout dirigeant d'entreprise est d'assumer cette part d'incertitude, de chercher en permanence, avec modestie, à entendre les informations nouvelles, mais aussi à définir de façon résolue une voie stratégique et une organisation pour son entreprise, qui permette de répondre aux signes qui se manifestent. Avoir recours à un consultant est souvent une façon pratique, efficace et rapide d'accéder aux ressources et à l'expertise en qualité et en quantité suffisante pour faire face à ces aléas.

Par-delà sa mission de service, l'industrie du conseil est confrontée à une transformation similaire à celle que connaissent ses clients. Bertrand Lavayssière décrit bien combien les enjeux d'organisation, de numérisation, de gouvernance (les fameuses structures en « partnership ») ou de coexistence de différentes cultures y sont prégnants.

Les nombreuses anecdotes dont recèle ce livre le rendent vivant et concret et illustrent bien l'intérêt et la variété que peut représenter une carrière dans ce métier. Le lecteur aura compris que pour l'auteur, le conseil est aussi une exigence, faute de quoi il nous rappellerait seulement le bon mot de l'un des personnages d'une pièce de théâtre d'Oscar Wilde : « I always pass on good advice. It is the only thing to do with it. It is never of any use to oneself ».

Introduction : Consultant ? Consultant ! Plaidoyer pour une profession formidable

Le conseil est une profession à part entière dont les contours et les clés de succès apparaissent souvent floues tant à ceux qui voudraient y faire une carrière qu'aux utilisateurs.

Plus de 1000 clients, 4 continents, plus de 40 pays, 6 entreprises de conseil en stratégie et management et de services professionnels pour les systèmes d'information, ancien responsable mondial du secteur financier pour le Groupe Capgemini, plus de 50 fusions/acquisitions, 2 livres, 6 langues pratiquées, plus de trente ans de carrière ….

En travaillant avec des clients et des collègues, certains m'ont dit que compte tenu de mon expérience, peut-être serait-il intéressant de la partager à un public plus large. Malheureusement, et heureusement, la crise du Coronavirus me laisse du temps, donc je profite de cette catastrophe pour coucher quelques idées sur le papier.

Ce livre s'adresse aux lecteurs curieux du métier mondial du conseil sous tous ses formes, décrit à travers les bases du fonctionnement, des éclairages sur les pratiques et émaillé d'anecdotes de la vie réelle, notamment avec des clients.

Il s'adresse tout particulièrement aux jeunes diplômés curieux du conseil, sa vie, ses mœurs et les manières de réussir.

Les chevronnés du conseil y trouveront aussi des éclairages sur la gestion des entreprises de conseil, et des anecdotes qui devraient leur parler.

Les clients acheteurs de prestations de conseil trouveront également des éléments pour comprendre la profession, et quelques clés pour mieux en tirer parti. Ayant travaillé sur plusieurs continents, avec de nombreuses entreprises de différentes nationalités et cultures, une partie de ce livre est consacrée au métier dans ces pays, avec le souci de partager ma vision de la gestion d'une entreprise internationale.

Ce livre présente un balancement entre le métier de conseil et « ma vie, mon œuvre ». J'ai essayé d'illustrer ce que le conseil m'apporté et ce que mon expérience personnelle a contribué au conseil. La logique des chapitres de ce livre est de démarrer par une description de ma carrière pour vous donner le contexte (Chapitre 1), de présenter le métier du conseil dans ses différents composantes et modes de fonctionnement (Chapitre 2). Le chapitre 3 se consacre aux différents grades de consultants et les facteurs clés de succès dans ces rôles. Le chapitre 4 se focalise sur une forme courante de pratique du consulting les partenariats, leurs vies et leurs mœurs, mais aussi sur la vie quotidienne du partenaire. Le chapitre 5 illustre différents aspects de l'internationalisation du conseil, et des idées sur comment faire fonctionner une équipe pluriculturelle. En annexe, j'ai commis un Vademecum de mes observations personnelles sur quelques pays. Comme les sociétés dont je faisais partie ont fait l'objet d'acquisitions, et ayant par ailleurs initié, réalisé, participé à plus de 50 fusions/acquisitions, le Chapitre 6 est une réflexion sur la manière de les réussir. Le chapitre 7 est une réflexion sur les clients et leurs utilisations du consulting. Comme la plupart de mes clients ont été dans le secteur de la banque et de l'assurance, le Chapitre 8 est consacré à 5 observations liées aux mutations de ces dernières décennies. Enfin, le Chapitre 9 est un exercice périlleux, certes, de prédictions sur l'avenir du métier de consultant.

Pour ceux qui le connaisse, j'ai en tête, un petit livre formidable d'Auguste Detœuf : « Propos de O.L. Barenton, confiseur, Éd. Du Tambourinaire, 1962). Sans prétendre l'égaler, il m'a accompagné dans mon écriture. Quelques-uns de ses aphorismes me font toujours sourire comme :
- On fait tout avec de l'argent excepté des hommes.
- L'honnêteté est rarement une marque d'intelligence, mais c'est toujours une preuve de bon sens
- Réfléchir : attendre quelques jours avant de ne pas changer d'avis.
- Un homme est vieux à partir de l'heure où il cesse d'avoir de l'audace

Ce ne sont donc que mes expériences et mes réflexions après plus de 35 ans de carrière jusqu'à maintenant. Loin de moi de penser que je détiens « La Vérité ». Prenez donc ce texte comme une série de témoignages et d'observations. D'ailleurs, j'ai toujours considéré que j'avais plus encore à apprendre que ce je ne pense réellement savoir.
Les opinions exprimées dans ce livre me sont donc personnelles, subjectives, et ne prétendent pas avoir vocation de règle universelle, ni de refléter toujours exactement les situations.
Je dois rendre hommage ici aux clients et aux collègues qui ont tous, d'une manière ou d'une autre, influencé et façonné qui je suis aujourd'hui. Qu'ils en soient ici remerciés.
Evidemment mon épouse et mes enfants sont aussi ceux qui m'ont motivé pour agir, et, supporté, dans tous les sens du terme tant Français qu'anglo-saxon, en particulier quand je voyageais.

Ce livre est aussi une invitation à des échanges, n'hésitez pas à me contacter : ble@blavayssiere.com et visiter mon site web : www.blavayssiere.com

N.B 1 : Par respect des personnes, de la confidentialité et/ou des caractéristiques des situations, les noms des personnes et des entreprises ont été soit déguisés soit non mentionnés explicitement.

N.B. 2 : les acronymes et abréviations sont explicités dans l'index des noms à la fin de ce livre.

Chapitre 1 : Une carrière, quelle carrière ?

Je suis toujours surpris quand des interlocuteurs me disent que j'ai fait une belle carrière. En effet, je n'ai jamais raisonné en perspective de carrière. Ma principale motivation a toujours été de mener des activités intéressantes et différentes, en espérant m'amuser au passage. J'ai pu remarquer que faire deux fois les mêmes choses m'ennuyait profondément. Donc, j'ai toujours cherché la variété et, parfois la difficulté.

1.1) Emergence d'une intime conviction

Une de mes convictions est qu'avec du travail, de la rigueur et de l'imagination, il n'y a pas un problème qui ne puisse pas être résolu. Quelques évènements ont forgé cette conviction tôt dans mon parcours. C'est un principe de vie mais essentiel aussi dans le conseil.

Mes parents avaient une maison de campagne dans l'Oise à Saint Leu d'Esserent. Une magnifique église abbatiale domine, au centre du village, la vallée. Cette ancienne abbaye de l'Ordre de Cluny, avait été créé en 1081 par un certain Hughes de Dammartin de retour des croisades.
Mon très cher père, un érudit qui éditait des dictionnaires et autres encyclopédies, me conseillait.

Un peu plus loin, il y avait un château en ruine, à Villers sous Saint Leu. Intrigué par les armoiries sur la grille du château, je me suis mis, à l'occasion des fins de semaines et des vacances, à tirer le fil, et rebâtir, à force de visites à la bibliothèque de l'Arsenal, aux archives départementales, à la bibliothèque des Jésuites aux Fontaines près de Chantilly et aux rencontres avec les sociétés savantes de Senlis, de reconstruire des bouts de l'histoire locale. En 1976, ce fut l'année gothique en Picardie, je fus alors sollicité par la Mairie pour produire un diaporama dans l'abbatiale sur l'histoire de Saint Leu. Ce que je fis avec l'aide de mon père et d'un artiste peintre, Jean-Louis Bilweis. Ce fut intense et très divertissant. En même temps, j'étais en Math Spé, préparant les concours des écoles d'ingénieur. A l'inauguration de l'exposition dans l'abbatiale, je fais la présentation de l'histoire de Saint Leu au cours du temps et des relations et influences avec l'histoire de France. La réflexion du responsable de l'année en Picardie, architecte en chef des monuments historiques : « vu la qualité de ce que vous avez fait, vous avez une grande carrière d'historien devant vous », j'avais 19 ans. Ceci m'a troublé, et interpellé. Ma réaction a été d'ignorer cette prédiction, j'allais être ingénieur ! N'y connaissant rien, en travaillant, cherchant les bons conseils et en s'amusant, un grand professionnel peut être impressionné. Cet enseignement-là a été, du coup, central pour ma vie professionnelle.

1.2) Formation et apprentissage

Pour renforcer l'idée précédente, il faut préciser que les mathématiques enseignées en classes préparatoires conduisent à tout reconstruire et à douter de tout. Par exemple, la démonstration que le zéro existe est magnifique. Ces mathématiques furent un grand bonheur, mais je crois que cela doit rendre fou à terme, car il faut douter de tout et démontrer que tout existe. Quand on y arrive, c'est assez excitant.

Une autre illustration de cette même idée a, quelque temps plus tard, encore renforcé cette intime conviction. Au début de ma carrière de consultant, nous faisions un projet pour un grand groupe industriel qui cherchait à fusionner deux teintureries de coton mercerisé, dans le Nord de la France. Je n'avais aucune idée de quoi il s'agissait.

Mais il y a un Institut Technique du Textile, plein de littérature sur les procédés, des détails sur les fournisseurs d'équipement. Vous ajoutez à cela un peu d'huile de coude, de méthode, et un encadrement et voilà, vous devenez expert…presque. A la première réunion du projet, nous fumes accueillis très fraichement par le directeur de l'usine : « je ne vois pas ce que vous pouvez m'apporter vous n'y connaissez rien, mais si l'actionnaire veut vous payer, libre à lui ». A la fin du projet, le même directeur nous invite à déjeuner : « Je dois être honnête, vous avez résolu le problème et vous en savez plus que moi, même après 30 ans de métier, bravo ! », un honnête homme, ils sont rares.

Ces deux illustrations sont des anecdotes qui ont forgé ma conviction qu'il n'y a pas un problème auquel je ne puisse apporter une solution. Arrogance me direz-vous ? Certes, mais c'est un sacré moteur pour faire gagner les clients et les équipes. L'autre conviction est qu'il n'y a jamais qu'une seule solution, elle doit être adaptée à l'entreprise et aux circonstances, tout en reposant sur les bases économiques et éthiques, défendables et durables. Voilà comment les évènements de la vie construisent aussi une pratique du conseil.

1.2)1. Une formation variée

Donc, en 3/2, comme les prépas disaient, j'intègre L'Ecole Nationale Supérieure de Mécanique, devenue Centrale Nantes. Un choix clair car il y avait une section d'Hydrodynamique Navale, et un bassin d'essai des carènes, et, se situait près de la mer. En effet, j'ai aussi une passion sportive qui est la voile. Donc c'était un choix naturel : faire quelque chose de sérieux et pouvoir s'adonner à un loisir sportif passionnant. Effectivement, j'ai beaucoup navigué à la voile et sur différents types de bateaux, par tous les temps, participé a beaucoup de compétitions étudiantes, dont les premiers tours de France à la voile, avec les Marseillais toujours déchaînés. Arrivé second au championnat de France étudiant de 4.70, j'ai cependant raté la qualification pour les jeux olympiques. Finalement je suis ingénieur diplômé en 1979.
J'enchaine immédiatement sur le Service National, alors en tant que Scientifique du Contingent. Après une période à l'Ecole Navale (ah, Lanvéoc Poulmic, quel espace, ah, la Belle Poule ! un des bateaux école), comme professeur d'Hydraulique pour la conduite des chaufferies (sic), j'intègre le bassin d'essais des Carènes de la Direction Technique des Constructions navales (DTCN) de la Marine Nationale. J'ai travaillé sur de nombreux projets intéressants dont l'étude de la coque du futur Charles de Gaulle. Je mets à profit aussi cette période pour faire un DEA d'Informatique des Organisations à Paris Dauphine.

A la fin de mon service militaire, j'intègre le MBA d'HEC Paris. L'Ingénieur Général de l'Armement m'avait autorisé à le faire en biseau, qu'il soit remercié, mais j'avoue qu'être en amphi en Grand uniforme avant une prise d'armes me laissent des souvenirs mitigés, amusant mais un peu formel. La prise d'armes permettait, à Paris, de toucher la prime à la mer en envoyant le pavillon le matin ! inratable. Je fais la moitié du MBA en Espagne a l'IESE à Barcelone, ce qui me permet de parler espagnol couramment, et, de forger des amitiés toujours actives. Comme scientifique, être confronté aux incertitudes des décisions d'entreprises et du management des Hommes a été une révélation.
En plus, évènement presque plus important que tout le reste : j'y ai rencontré Pascale qui est devenue mon épouse, une juriste.
J'ai, dans la même période, beaucoup milité au Mouvement Européen qui m'a permis de rencontrer des politiques de haut niveau, comme Raymond Barre ou Pierre Mauroy, et, aux Jeunes Démocrates Sociaux, avec des copains de prépas, tout un autre monde que les scientifiques et les « épiciers ».
Une cohérence dans tout ça ? De bonnes formations, une grande diversité, des curiosités infinies, des mentors fascinants, des rencontres enrichissantes, etc.

Dans le contexte de la diversité des expériences, je crois que mes parents ont été très importants.

Mon cher père, encyclopédiste par métier (le Grand Larousse Encyclopédique, c'était lui, entre autres Encyclopédies) et par vocation, savait quasiment tout sur tout. Très énervant, mais pas un matheux. Ma chère mère était Docteur en Chinois (elles étaient trois étudiantes aux Langues' O pendant la guerre), Mandarin, et diplômée de l'Ecole du Louvre, et a été, avant la naissance de ses enfants, assistante conservatrice au Musée Guimet. Mon frère ainé, ancien interne des Hôpitaux de Paris est un radiologue cancérologue réputé, et mon frère puiné est lui Producteur Réalisateur de film de fictions et de publicité. Cela forge la curiosité et développe la diversité d'opinions et de savoirs.

1.2)2. « Fare l'ingienere »

Fortement recommandé par la DTCN, où j'avais refusé un emploi, et par le Professeur d'Hydrodynamique Navale de Centrale, je suis embauché 1982, chez Total Exploration Production, pour m'occuper de la partie Marine des projets offshores pour les petits champs pétroliers. A l'époque, les grands pétroliers de 250 000 tonnes valaient à peine 5 millions de dollars donc on les transformait pour en faire des plateformes de traitement et de stockage amarrées en mer. Ma logique était d'utiliser mes compétences supposées d'ingénieur.
Les projets étaient dans le Golfe persique, en Tunisie, en Chine, en Mer du Nord et en Argentine. Je me suis aussi occupé de coopération technique avec les raffineries du Cameroun, de Côte d'Ivoire et du Qatar. Beaucoup de sujets et de voyages intéressants, et, j'ai pu mettre à profit mes compétences d'ingénieur, « fare l'ingeniere » comme diraient les Italiens. Total est une entreprise formidable d'ingénieurs et d'idées, mais je m'y sentais un peu contraint.

1.3) Démarrage dans le conseil

Une expatriation en Argentine m'ayant été refusée, je démissionne et rejoins une petite structure de conseil, Resources Planning Associates, RPA. Un camarade d'HEC Paris m'avait appelé car il cherchait quelqu'un de mon profil. Après 5 ans d'ingénieur, ma logique était que cela permettrait de peaufiner les supposés savoir-faire acquis lors du MBA. Je suis donc devenu consultant tout en me disant que cela durera deux ou trois ans, car ma perception était qu'on était loin des réalités et producteur de rapports ! Oserai-je dire que je me suis dit : « que fais-je faire chez ces émasculés de l'entreprise ? », comme j'avais tort !

Mon professeur de Stratégie d'HEC Paris, Bernard Ramanantsoa qui a fait une belle carrière, comme auteur du Strategor, et directeur d'HEC Paris, m'avait organisé un rendez-vous chez McKinsey à Paris en sortant du MBA. La manière de gérer les entretiens par les cas sans jamais parler du métier m'a fait fuir. Comme quoi, il y a peut-être une main invisible qui guide les hasards ?

Le premier client pour qui j'ai travaillé était mon ancien patron de chez Total (il voulait garder le contact) sur la valorisation financière des participations dans les entreprises de l'offshore pétrolier. Total avait de nombreuses participations, et se demandait comment en tirer plus parti et quels choix faire. La méthode des scénarios et variables stratégiques a été un révélateur pour valider le choix de carrière, cette méthode très quantitative qui permet aussi d'encadrer les décisions de management. Anecdotiquement, cette méthode puissante avait permis de prédire la crise de l'OPEP. C'est juste un des scenarios, mais cela permet de penser que nous sommes des génies ! J'utilise encore cette méthode de temps en temps.

Peu de temps après mon arrivée chez RPA, constitué d'une dizaine de consultants, tous MBA (Harvard, Wharton, Stanford, HEC, Insead, LBS, etc.) un camarade de Harvard d'un des associés propose de nous racheter et de s'intégrer à leur réseau, The MAC Group.

1.3)1. Intrusion dans le monde américain et de Harvard

The MAC Group avait été créé par un professeur de Harvard Business School (HBS), Dick Vancil, détenteur de la chaire de contrôle de gestion.
Le business model du MAC Group était très puissant. En effet, dans les Business Schools américaines, du moins à la HBS, un professeur doit répartir son temps en un tiers d'enseignement, un tiers de recherche et un tiers de consulting. C'est la règle pour garder les contacts avec les entreprises mais aussi pour rendre des services aux financeurs et aux bailleurs.
Si vous êtes un professeur recherché votre tiers de conseil devient vite ingérable sauf si vous embauchez vos étudiants pour un bon effet de levier. Donc Dick a créé une structure pour assumer ses obligations, embauchant ses étudiants, tous MBA HBS évidemment. En grandissant, les étudiants sont devenus des professionnels. James Kelly, l'un d'eux, prend le lead, et étend le principe aux autres BS.
C'est ainsi que nous rejoignions The MAC Group. Le conseil d'administration comprend des noms comme Lou Stern, Igor Ansoff, Nicholas Negroponte, Larry Greiner, Michael Porter, etc. Le modèle était encore plus puissant par le montage financier pour les professeurs, outre du support logistique, leurs contributions à la société se traduisaient dans des parts de capital, un système élaboré pour calculer leurs parts en fonction de leurs contributions. De même pour les consultants, je fus élu Partner fin 1988. Je crois numéro 38.

Autre idée brillante : le capital étant fixe, les parts attribuées aux les nouveaux partenaires étaient acquises en diluant les anciens. Ce qui génère des discussions, très vives, lors de la présentation des dossiers de promotion, et revenait à répondre à la question : est-ce que la dilution de mes parts sera compensée par la contribution apportée par les nouveaux élus ?

Personne n'avait plus de 5%. En outre, The MAC Group était géré comme un seul centre de profit mondialement (douze bureaux sur trois continents à l'époque), les partenaires avaient un intérêt très fort à faire réussir leurs collègues. Le modèle avec les professeurs a été étendu en dehors des US, au UK (LBS, LSE), en France (Insead, HEC Paris), en Espagne (IESE), en Italie (Bocconi), etc.

1.3)2. Enseignant à HEC Paris

Parallèlement, mes camarades professeurs d'HEC Paris, et Michel Badoc en particulier, m'intégrèrent dans le département marketing comme chargé de cours puis Maître de conférences. J'ai enseigné le marketing stratégique pendant 10 ans à raison d'une vingtaine de jours par an, à la fois en troisième année de la « grande école », pour le MBA et pour l'Executive program.

Ce sont des populations très différentes, aux exigences et objectifs qui correspondent à leur stade de développement personnel et à leur ambition : les troisièmes années de la grande école, à part un ou deux génies par classe et de loin les plus brillants que j'ai croisés, ne visent que l'obtention du diplôme, ce qui donne des cours pour 3 ou 4, et le reste fait autre chose. Il faut donc être très bon pour eux. Ils font par ailleurs progresser aussi, en particulier, grâce à leurs idées sur la résolution des cas. Les MBA sont là pour trouver un tremplin de carrière, sont souvent endettés pour payer leur étude, et, de fait sont une population engagée et parfois très laborieuse, qui veut tout savoir et avoir les bonnes références.

Les participants de l'Executive Progamm sont en général envoyés par les entreprises, et les frais de scolarité payés par le budget formation. La valeur du programme s'équilibre entre la partie théorique et des cas avec les échanges entre participants qui ont généralement une bonne dizaine d'année d'expérience professionnelle.

Ce fut une expérience très enrichissante. La répétition devient vite pesante mais largement compensée par des rencontres d'esprits brillants et la nécessité de s'adapter à chaque population. De plus, pour l'entreprise, c'était un très bon exercice de visibilité et de recrutement. J'ai arrêté, un peu par lassitude, mais aussi parce que je voyageais de plus en plus et qu'il était difficile de maintenir un rythme décent d'enseignement. Évidemment, je garde toujours des contacts avec le corps professoral à HEC Paris, notamment en participant à des jurys de thèses de doctorat.

The MAC Group, par construction, était donc un foyer de germination de nouvelles idées de management, merci messieurs les professeurs. Les clients étaient fascinés.

Après notre intégration dans The MAC Group, Bob Gogel, un partenaire de Chicago vient s'installer à Paris pour faire la liaison, et, profiter de la vie parisienne. Il parle français, banquier de formation, avant son MBA. Bob a été un mentor extraordinaire de curiosité, de professionnalisme et une personnalité très attachante. Nous avons beaucoup travaillé ensemble et ce ne fut pas toujours facile, mais toujours un bonheur. Bob a un don de vous pousser à dépasser vos limites et vous encourager à vous jeter à l'eau.

1.3)3. Entré dans la banque par effraction

Bob connaissant bien la banque, nous organisons une conférence avec la Revue Banque, le thème : « Peut-on vendre des SICAVs comme des chaussettes ? », avec les patrons de Merrill Lynch, de Fidelity et de Charles Schwab à la tribune. A l'issue, nous gagnons deux contrats dans la banque.

Ainsi j'ai pris l'habitude de dire que je suis entré dans la banque par « effraction ». En effet, il fallait bien faire les projets et personne y compris moi, n'avait la moindre idée de comment faire.

A Paris, la culture était pétrolière, industrielle, focalisée sur l'énergie, les économies d'énergies, la grande distribution, mais pas la banque. Revenant aux principes « qu'il n'y a pas un problème qu'on ne puisse résoudre », je me suis lancé avec Bob. Avec notre biais quantitatif et de rigueur, nous avons réussi à produire des résultats extraordinaires pour nos clients.

La vérité, quelle vérité ?

Un autre projet m'a marqué durablement, pour un grand groupe d'assurance qui était aussi actionnaire d'un distributeur de produit culturel. Sa compagnie d'assurance vie était en plan de redressement (dit de résolution). Grâce aux travaux faits pour le distributeur, le Président nous demande de trouver la solution. En travaillant beaucoup avec les financiers et les actuaires, nous avons construit et soumis aux autorités le plan de redressement.
Ce plan comprenait aussi une partie stratégique, pour assurer la pérennité de l'entreprise. Cette dualité de problématique, redresser et construire pour le futur, a été et est toujours une des caractéristiques des projets que je mène pour les clients. Certes, il faut survivre, mais aussi il faut durer de manière rentable et défendable. Cela donne, d'expérience, des solutions très différentes que celles focalisées juste sur une restructuration.
Je continue de travailler pour ce groupe régulièrement, pas un « fleuve tranquille ». Néanmoins, maintenir une relation professionnelle sur plus de trente ans, souvent amicale, avec des managers soumis à des pressions fortes, internes et externes, et très variées, crise de marché(s) ou révolution de palais, est un exercice de construction permanente et d'humilité. Il faut accepter que vous ne soyez pas indispensable (sic), et que des nouveaux managers veulent leurs propres consultants. Néanmoins, il m'est arrivé que les résultats parlent d'eux-mêmes, et permettent cette continuité

1.3)4. Apprendre l'humilité (si possible)

Une autre anecdote : avec mon complice Michel Badoc, professeur de Marketing à HEC Paris, nous faisons un projet pour un grand groupe bancaire, sur leur banque à distance pour les particuliers.

Tort d'avoir raison

Même exprimées poliment, les conclusions étaient sans appel : les fondamentaux de l'offre sont obsolètes ou non différenciants, et le compte d'exploitation futur va vers une perte durable et significative, sauf si...donc un plan sur trois ans. Le client nous demande de présenter ces résultats au Comité exécutif. Ce qui fut fait, un tableur Excel projeté sur écran permettait aussi de jouer avec les hypothèses, et le tout conduisait invariablement aux mêmes conclusions.
Applaudissements, félicitations ! Bref, on sort confiant que la mise en œuvre va nous être confiée. Coup de fil de notre client, le lendemain : « merci, mais on s'arrête là, le Comité pense que vos projections sont irréalistes, et nous divergeons entre nous sur les actions à mener ». Moral à zéro, perte de confiance, rigolade des « copains », nécessité de se focaliser sur les autres projets et oublier. Le plus énervant est que ce grand groupe bancaire a un potentiel pour nous extraordinaire. Un an après, le client m'appelle : « Bertrand, tu te souviens du chiffre de pertes prévues dans le modèle ? moi : Evidemment : 12,34 millions ! (J'ai une mémoire bizarre, ce chiffre est revenu, je ne sais pas comment) lui : exact, on est à 12,35 ! ; viens me voir j'ai un autre projet pour toi. ». S'en est suivi une relation de plus de vingt ans avec ce client.

Après coup, plusieurs réflexions ont émergé : le consultant est-il payé pour dire ce que le client veut entendre, ou pour exprimer une opinion indépendante et structurée, même désagréable. Par ailleurs, une manière arrogante et humble à la fois de voir les choses : « le bon consultant a souvent tort d'avoir raison trop tôt ». C'est la version de l'adage populaire : toute vérité n'est pas bonne à dire. Néanmoins si vous êtes rémunérés pour dire la vérité (ou du moins vous pensez que c'est votre éthique) comment le faites-vous sans vous faire virer ?

Cela revient à un des fondamentaux du métier : d'une part il y a le contenu de votre intervention, et, en parallèle, il y a le process pour faire accepter ce contenu. Penser que vous pouvez avoir raison, seul, est puéril. C'est vrai pour un processus de conseil, mais s'applique aussi aux patrons pour des évolutions de stratégies d'entreprises. Il va de soi qu'il y a différentes sortes de consulting et que les clients peuvent chercher des choses différentes chez un consultant. Ces réflexions s'appliquent uniquement si vous pensez que vos recommandations doivent avoir une application concrète pour votre client. L'autre manière de le dire : bien sûr un consultant produit des rapports, mais la mesure du succès est le résultat concret pour l'entreprise, et pour ses managers.

1.3)5. Affirmer un style de conseil ?

Il serait tentant de vous narrer plus de trente ans de projets. Je suis assez fier que quasiment tous les projets que j'ai faits ont produit des résultats tangibles pour nos clients. Loin de moi de penser que je suis parfait, quelques échecs néanmoins, et un impayé. A la réflexion, les échecs sont beaucoup liés à des types de clients, généralement des administrations, parfois à moi probablement. J'ai les défauts de mes qualités.
Il arrive que les dirigeants ne veuillent pas vraiment des conclusions opérationnelles. La forme commerciale du contrat doit aussi confirmer les engagements de résultats. Je ne fais quasiment que des contrats au forfait : un résultat pour un prix. De même, j'ai compris que je ne suis pas compatible avec certains types de patrons. Je travaille avec des gens exigeants et tournés vers l'action, peu vers les gens qui cherchent un consultant pour éviter de prendre des décisions, ou reporter la « faute » sur d'autres.

Pour moi un « bon client » est celui qui vous pousse dans vos retranchements, est exigeant et cherche l'excellence, peu ceux qui souhaitent juste un rapport. Encore une fois, quelle est la poule et quel est l'œuf entre mes caractéristiques propres et les exigences du métier.

1.4) L'aventure Capgemini

Au bureau de Paris du Groupe MAC, sur une base de dix consultants, on se développe vers une soixantaine, avec une activité banques/assurances florissantes. The MAC Group est très international par nature.
Paris n'est qu'un point d'ancrage, nous travaillons beaucoup en Europe et aux US. Nous sommes alors approchés par le Groupe Capgemini (nota, dans la suite de ce texte, j'utiliserai le nom Capgemini, Capgemini a eu de nombreuses dénominations, que je vous épargne) pour créer leur activité Consulting.

L'offre de service du Groupe MAC avait évolué au cours du temps : évidement, la mise en place de système de contrôle de gestion était le point de départ, cela a débouché sur des sujets d'organisation (notamment la première vague de BBZ), puis naturellement sur des sujets de stratégie et de changement.
Un sujet de préoccupation était l'informatique. A la suite de demandes de clients, on avait embauché des informaticiens, mais la greffe n'avait jamais pris, incompréhension et inaptitude à entrer dans un processus de conseil. Donc quand Serge Kampf et ses équipes nous approchent, il y a un double intérêt : financier et métier.
Sur le métier, nous avons mis une bonne dizaine d'années à comprendre comment faire fonctionner le couple consultant en stratégie/organisation et informaticien.

1.4)1. Gemini Consulting ou l'art de la transformation

La principale préoccupation de Serge concernait les budgets informatiques qui étaient décidés au plus haut niveau de l'entreprise. Capgemini n'avait pas les personnes pour organiser ce dialogue.
Donc, Capgemini montait une activité de conseil « amont », avec la création de Gemini Consulting en fusionnant 3 entreprises : The MAC Group, United Research et Gamma International. Je vous passe les détails de la fusion, on en reparlera plus loin. Gemini Consulting était une formidable machine de guerre pour la transformation des entreprises.
La combinaison de la stratégie par The MAC Group, l'expression de résultats financiers à court terme grâce à United Research et la maitrise des schémas directeurs informatiques par Gamma permettaient aux clients de passer des caps de maturité. (Voir le livre de James Kelly et Francis Gouillart, *Transforming the Organization*). Gemini avait une dynamique anglo-saxonne, et Capgemini était dans son management très française. Au cours du temps avec les grandes acquisitions de Hoskins, Volmac et d'autres, l'acquisition d'EY consulting en 2000 la mutation vers un modèle anglo-saxon a été renforcée.

Cette fusion était sur le papier un succès, des taux journaliers entre 15 et 20 fois supérieurs à ceux des informaticiens, une belle croissance. Deux aspects chiffonnaient le management du Groupe : presqu'aucune retombée des projets de Gemini vers l'IT et une rentabilité moyenne. J'utilise IT, l'acronyme d'Information Technology, pour couvrir toutes les activités liées à l'informatique, certains puristes vont râler. Serge Kampf et le management continuait à faire des acquisitions pour Gemini Consulting, mais les patrons de l'IT commençaient à grogner fort.

1.4)2. Assurer l'ancrage dans les Services Financiers

Pour ma part, je deviens responsable du secteur financier pour Gemini Consulting, d'abord pour l'Europe puis pour le « Monde », tout en gérant des projets. J'ai géré ces responsabilités comme un projet (objectifs, workstreams, équipe, KPIs, etc.), de plus mon comité de direction était alors composé de collègues de combat sur les projets. Sur cette période, l'essentiel de mes activités était de restructurer des banques et compagnies d'assurance, un peu partout dans le monde. Mon côté bon élève, et admiratif de Serge Kampf, m'a fait aussi collaborer très étroitement avec les équipes informatiques, avec plus d'échecs que de succès. Quelques éléments interfèrent fortement pour une bonne collaboration :
-       L'informaticien est mesuré sur des résultats quantifiables (performance, adéquation à un cahier des charges, …), pour le consultant c'est davantage qualitatif. Cela génère des approches et des types d'engagement très différents,
-       Les décideurs ne sont pas les mêmes : Direction Informatique vs DG. De plus Capgemini a généralement des relations fortes avec les CIO qui ont des moyens de pression. Et les ceux-ci tiennent à leurs prérogatives.
-       L'écart de rémunération entre consultant et informaticien génère, au moins des soupçons, sinon des jalousies.
-       La dynamique commerciale est très différente : la vente de conseil est faite par un partenaire qui s'engage sur un résultat, et, est présent durant le projet ; l'IT est vendu par un commercial avec une équipe d'avant-vente, et le projet est délivré par des équipes de Delivery. Bref, le commercial informatique pense toujours que le Consultant va lui barrer la route du client, et le manageur de l'IT craint que le consultant ne prenne des engagements irréalisables (pas toujours à tort)

1.4)3. De Consultant à Manageur

Quelques succès me rapprochent des informaticiens. Paul Hermelin et Serge Kampf me demandent alors de basculer côté services informatiques, pour prendre la division Finance en France, en Janvier 2000. Je n'ai pas beaucoup hésité pour accepter. Les raisons de mon point de vue : refuser à Serge n'était pas très adroit ; j'avais déjà 15 ans de consulting avec des projets forts et très impliquants, mais, pas de réel management d'entité, donc du nouveau dans un secteur que je connais. Du côté de Paul et de Serge, ils cherchaient à démontrer qu'un consultant, très international, peut gérer.

Je fus accueilli avec un grand scepticisme, pour les raisons évoquées plus haut. Assez vite, j'ai compris que la gestion d'une entité IT était très différente d'une équipe de consultants. Les consultants, d'une certaine manière, s'autogèrent. Vous avez un problème, vous créez un petit comité qui vient vous proposer des solutions (c'est leur métier) et qui s'engagent à les mettre en œuvre, comme pour un client. Il vous reste à arbitrer les ressources et le timing de la mise en œuvre. De plus, souvent les mêmes problèmes ont été traités ailleurs, d'abord aux US puis au UK et enfin en Europe continentale. Bref, avec un peu d'expérience, c'est relativement simple. L'IT c'est très différent : vous êtes le patron et vous décidez seul. Les informaticiens sont plus intéressés par la technique et par le développement de leurs compétences personnelles que par le problème du client, l'inverse du consultant, toute proportion gardée.

1.4)4. Internet, Internet, Internet !

La période 2000 était caractérisée par la disparition de deux boosters de croissance, le passage à l'an 2000 et la migration vers l'Euro. Donc, j'arrive en pleine crise de croissance, comment réorienter les métiers pour assurer croissance et rentabilité. Avec l'équipe de direction quelques décisions structurantes ont été prises : se focaliser sur les conséquences de l'internet (le multi-canal, la gestion des données, l'évolution des architectures des SI, etc.), et le développement des mises en place de progiciels, tout cela par sous-secteur du monde financier, le Retail, l'assurance, les paiements. En IT, le secteur financier avec les télécoms, sont les plus consommateurs d'IT et, généralement en avance sur le reste de l'industrie, donc un des pionniers de l'utilisation des techniques informatiques.

L'internet m'a fasciné dès 1995. A l'occasion d'un séminaire avec Bank of America à San Francisco, fait en collaboration avec le MIT Media Lab et son fondateur, Nicholas Negroponte, nous avions décortiqué les impacts potentiels pour le monde financier.

Les traits le plus saillants, que certains ont toujours du mal à comprendre, tiennent en peu de concepts : la séparation de la gestion des données, des traitements de ces données dans des processus métiers, des interfaces avec les utilisateurs (internes ou clients), et la démultiplication de la puissance de traitement par la mise en réseau des serveurs et des ordinateurs. L'écart avec les systèmes existants est massif, car ceux-ci sont souvent construits sur la base d'automatisation des systèmes comptables, initialement, et, souvent, codés en « dur », les données, les traitements et leurs présentations. C'est aussi un sujet de compétences, pour les informaticiens et les managers. Les technologies de l'internet ont des conséquences majeures sur la relation client (l'expérience client diraient certains), la structure des processus (les parcours client et fonctionnement interne) et enfin sur la manière de faire de l'informatique (assembleur plus que constructeur)

1.4)5. L'e-marketing, toujours d'actualité

Avec Michel Badoc, et un stagiaire Emmanuel Copin d'HEC (qui a fait une belle carrière depuis), nous avons écrit un livre, la première édition en 1998, intitulé : « e-marketing pour la banque et l'assurance » aux Editions d'organisation, devenues Eyrolles. L'objectif était de démontrer comment l'internet allait tout changer pour les institutions financières. Beau succès de librairie. Il arrive que des clients m'en parle encore, car c'est toujours d'actualité.

Des projets d'informatique en 90 jours ou rien

Une banque indienne illustre, dès le début 2000, parfaitement ces principes, ICICI. C'est au départ une banque pour les entreprises, et le management se demande comment attaquer les services aux particuliers de la classe moyenne Indienne.

Chanda Kochhar, le CEO, veut donc créer une banque sans mainframes et tout en achetant des composants en mode service, le tout à coûts variables. De plus, elle a défini un principe : « pas de projets informatiques de plus de 90 jours », s'il n'y a pas un bénéfice client ou interne en 3 mois, le projet ne se fait pas. Dans nos banques traditionnelles, l'équivalent est 18 mois, à l'époque. Ce fut un grand succès, plus de 25 millions de client 10 ans après, une réactivité toujours exemplaire, et un cout des systèmes informatiques 85% moins chers que ceux d'une banque classique, l'équivalent de 2 % de marge d'intérêt pour des bilans traditionnels de banque à réseaux. J'ai eu l'occasion de présenter cet exemple à de nombreuses banques, la réaction a souvent été : « pas pertinent comme comparaison, ils ne partaient de rien dans un marché immature, ce n'est pas notre cas, en plus vous ignorez les problèmes de sécurité. ». Billevesées. Plus de 15 ans après, les banques sont en train péniblement de migrer vers ce modèle... on a tort d'avoir raison trop tôt !

Je ne suis pas un informaticien de formation, mais comme ingénieur j'ai un intérêt fort pour la technologie. Deux de mes collègues, Jean Paul Figer et André Cichowlas, ont eu la gentillesse au cours du temps de m'expliquer et de travailler avec moi pour entrer dans les détails techniques et leurs implications, tant pour les projets clients que pour les équipes, qu'ils en soient chaleureusement remerciés.

1.4)6. Gérer les crises, préparer la croissance

L'année 2000 a été donc assez mouvementée, puisqu'il fallait réinventer une bonne partie de l'activité, mais aussi parce que Capgemini a fait l'acquisition de la partie conseil d'un des Big Four, E&Y.

En 2001, Capgemini s'organise en France par secteurs d'industrie. Je prends la responsabilité du secteur Financier qui regroupe le conseil en stratégie et management (Je retrouve mes équipes, qui pensaient s'être débarrassées de moi !), l'intégration de systèmes (IS) et l'Outsourcing (OS). J'organise les équipes par métier et créé des équipes commerciales coordonnées, par client. Les offres de service restent séparées en construisant les passerelles pour ambitionner d'avoir une continuité d'offre : de l'idée au fonctionnement. Par exemple pour le multi-canal (ou la multidistribution) les équipes de consulting travaillent sur les concepts, le business model, l'organisation, les process, les modes de changement, etc. ; les équipes IS sur les données, les architectures, les plateformes, l'automatisation des process, etc. ; l'OS sur la gestion des applications en run, etc.

Fort de mon expérience de gestion des équipes de consultants et d'informaticiens, je les ai maintenus séparés pour plusieurs raisons fondamentales : les interlocuteurs clients ne sont pas les mêmes, la concurrence n'est pas la même, la dynamique des comptes d'exploitation n'est pas la même, les recrutements sont très différents, les modes et les niveaux de rémunération sont aussi très différents, enfin, les modes de management sont aussi très variés. En revanche chacun peut avoir en commun l'ambition collective de maximiser notre part de portefeuille d'un client, chacun avec ses propres valeurs ajoutées.

Cette « mayonnaise-là », a très bien pris, en surfant sur la vague internet, jusqu'au krach de 2002.

A ce moment-là on passe en 3 mois, d'un mode croissance effrénée à un mode survie, comme beaucoup de nos clients. Nos métiers de service sont assez flexibles, la croissance comme la restructuration sont des offres de services disponibles en permanence, c'est la proportion qui change en fonction de la conjoncture. Néanmoins, le cours de bourse de Capgemini était passé d'environ 300 euros à 17 en peu de temps. Il fallait quand même restructurer, faire un plan social, repositionner pour la croissance.

1.4)7. De la France au Monde

2002 et 2003 furent des années difficiles et intenses. En 2003, Paul Hermelin avec l'appui de Serge Kampf, me demande devenir responsable du secteur Financier pour le Groupe au niveau Mondial.

Adieu la France ? En fait, jamais complètement, car comme consultant dans l'âme, et fort de relations clients établies, j'ai toujours continué à faire des projets et à facturer un peu de mon temps, à la grande incompréhension de certains.
Plusieurs raisons m'avaient incité à le faire : 1) pour moi, c'était la manière de garder le contact avec les réalités des clients, et les résultats sont une grande satisfaction 2) Dans un groupe comme Capgemini des positions de management sont toujours des sièges éjectables donc maintenir une légitimité terrain est une forme d'assurance vie professionnelle.
La coordination des secteurs est la responsabilité d'un américain, John McCain. John devient début 2003 en plus, patron des US pour Capgemini. J'ai deux défauts, parmi d'autres : dire ce que je pense (même en l'emballant poliment) et assumer les conséquences de mes bagarres.

En particulier, alors patron de la France, j'avais mené une bagarre pour assurer une plus grande coordination avec les américains, notamment sur la gestion de comptes et la gestion des offres, avec un succès mitigé, au grand énervement de Paul et de John. Je crois qu'une des raisons pour ma nomination au secteur global est pour mieux intégrer les américains, puisque je remplace un américain qui, bien qu'avec une carrière internationale, restait très américain !

Pour compléter, si on peut dire, le 14 juillet 2003, John m'appelle pour me demander de prendre directement la responsabilité du secteur FS aux US, Paul m'appelle dans la foulée pour me dire : « ce n'est pas souvent qu'un manager américain demande à un français de gérer une partie de son activité ; et, ce ne sera que temporaire, le temps de restructurer, donc tu gardes le secteur mondialement ».
Bref je n'avais pas trop le choix, il fallait assumer les conséquences de mes actes, et, honnêtement, cela m'amusait aussi. En fait six mois sont devenus trois ans ! Pendant ces trois ans, avec la conjonction du développement de l'Inde et d'un centre offshore en Chine, et ma famille toujours à Paris, j'ai dû faire un million de miles par an en avion. Comme je disais en rigolant : « mon rêve de vacances, c'est de prendre le métro ! pas de reprendre un avion pour utiliser les miles ». Heureusement, que je n'ai pas besoin de beaucoup de sommeil, et, que j'ai de bons gènes.

1.4)8. Un secteur très focalisé et intégré

Je mets en place un secteur focalisé sur trois grandes « priorités » : la gestion de compte, 4 offres phares (Retail, Assurance, Paiement et Gestion privée/Gestion d'actifs) et un marketing puissant. Ces offres correspondaient à 80% de notre chiffre d'affaires d'environ 700 millions, en 2003. L'ambition était d'avoir 10% de part de marche chez les grands clients (de quoi multiplier par au moins 20 notre activité). L'idée des offres et du marketing est de faire en sorte que les clients comprennent qu'ils doivent nous consulter sur ces sujets, sinon, ils ne sont pas loin de l'erreur professionnelle. Nous avons alors créé les World Reports (Wealth, Retail, Insurance, Payments) avec une mécanique marketing bien rodée, notamment en association avec l'Efma, et son délégué général, le génial Patrick Desmarès. Le succès du World Wealth Report (WWR) crée avec Merrill Lynch du temps de The MAC Group avait servi de modèle. D'ailleurs, après dix ans de ce WWR, j'ai publié un livre intitulé « Wealth » à New York avec le patron de Merrill Lynch, beau succès de libraire aussi.

Ces rapports sont construits en deux parties, des chiffres de marché et un focus annuel. Ils donnaient aux commerciaux un prétexte pour aller discuter avec les clients, et faire des présentations adaptées aux conditions locales. En effet, les équipes rédigeant les rapports comprenaient outre une équipe centrale et les équipes locales de tous les pays couverts par le secteur (environ une trentaine).

De plus nous faisons cela en association avec les équipes d'un client, les rapports étaient tous co-brandés avec un client (ABN Amro, Merrill Lynch, ING, Unicredit, RBC, BNPP, etc.). Les clients co-finançaient les rapports et mettaient leur puissance de relations publiques à leur service...et au notre (Capgemini et Efma), tout en contribuant au contenu, et le contrôlant. Certains grincheux pensaient que s'afficher avec un client était une erreur. Je crois qu'au contraire cela a été plus un gage de crédibilité plutôt que le n plus unième rapport de consultant. Bref, ce fut un grand succès tant pour la mobilisation interne que pour la visibilité externe. Evidemment, ces rapports, même indirectement, mettaient en valeur nos offres de service. Je crois que cette mécanique de réflexion, de focalisation, de positionnement de création d'offres, d'adhésion des forces commerciales, de mobilisation interne et externe a significativement contribué à notre croissance. En 8 ans, le secteur pour Capgemini avait triplé de taille, pour atteindre environ 2 milliards. Peut-être une preuve de la grande valeur de ces rapports, alors que j'ai quitté le groupe depuis presque 10 ans, est qu'ils perdurent !

Au cours de cette période, j'ai été administrateur de plusieurs sociétés où le groupe avait des intérêts, en relation avec des clients bancaires (Apis, Answork et Cybercomm). Dans deux de ces sociétés, Capgemini était aussi le prestataire de service et les banques, les utilisateurs.

Les conseils d'administration, normalement focalisés sur l'intérêt de l'entreprise, in abstracto, était aussi une opportunité de dialogue entre clients et fournisseurs.

C'est sûr que les recommandations de bonne gouvernance avaient un peu de mal à être respectées à la lettre. J'ai aussi été « propulsé », par Serge et Paul, administrateur de Planet Finance. Capgemini finançait cette ONG créée par Jacques Attali, dédiée initialement à l'utilisation d'internet pour faciliter l'accès aux financements, aux formations et aux outils pour les institutions de microfinance dans le monde. J'ai été administrateur 20 ans et un peu plus de 10 ans président du comité d'audit et des risques (CAR) du conseil d'administration. Jacques a créé un formidable creuset à idées et d'aide de mise en place de solution concrète sur notamment l'accès aux financements, à l'entreprenariat, à la santé. Le rôle du président du CAR était celui d'un « chef des grincheux » pour proposer des solutions afin de trouver le bon équilibre entre le développement et un niveau de trésorerie permettant de pallier les aléas. Trouver l'équilibre entre un Jacques, entreprenant et idéaliste, un conseil prestigieux, soutenu par des grands professionnels du chiffre, fut un exercice de diplomatie et de pragmatisme toujours renouvelé.

1.4)9. Baisser le cout moyen, augmenter les marges

L'autre action fondamentale pour le secteur, en particulier pour la partie informatique et outsourcing était de baisser le coût journalier des prestations informatiques. En effet, notre concurrence est composée de grands groupes indiens comme Tata ou Cognizant, pour en citer deux, mais aussi des groupes américains comme Accenture ou Genpac qui ont des bases en Inde très structurées. Certains clients principalement pour les activités de marché ont établi des bases en Inde, aux Philippines, au Maroc, à l'ile Maurice.

Avec le Groupe, nous avons acquis une entreprise, Kanbay. Forte de 7000 collaborateurs, installée à l'origine au sud-ouest de Mumbai, à Pune, Kanbay sert principalement des clients nord-américains. L'intégration dans le groupe fut une double accélération pour nos activités en Inde qui ont doublé en quatre ans, mais aussi pour nos relations clients partout dans le monde en utilisant cette base. Cette transition ne se fait pas sans grincements de dents en interne : « pourquoi faire en Inde, ce qu'on peut faire dans notre pays ? parce qu'autrement on ne gagne pas ces projets ! ». Les mêmes réticences s'appliquent aux utilisateurs. Les succès viennent progressivement, après des phases de test, des adaptations au travail à distance (sur la gestion de projet mais aussi sur les spécifications, en utilisant les normes progressivement mises en place). Les clients Européens, continentaux, ont souvent aussi une barrière linguistique. Cela nous a amené à créer des centres Near shore, notamment à Nantes ou à Oviedo, passerelle vers un des centres offshores.

L'Inde est un marché, aussi, où il est difficile de réussir pour un étranger.

Il faut être prudent sur l'offshore car pour que le risque et le cout de changement soit pertinent, il faut travailler sur les modes de gestion des projets et la communication. Ce n'est pas parce que le coût en Inde peut être très inferieur qu'il faut refaire les développements plusieurs fois.

Avec l'intégration de E&Y Consulting et de Kanbay, le secteur a une configuration bien différente de 2003, c'est une activité à dominante anglo-saxonne, même si la France représente encore 25%. Dans le management, les Français sont devenus minoritaires.

La combinaison d'une connaissance approfondie des caractéristiques des marchés locaux, une grande rigueur dans la gestion des clients, des offres mondialement compétitives, une qualité de Delivery excellente et une structure de coûts affutée, nous ont permis de croitre fortement (environ plus de 15 % là le groupe est en dessous de 1%) et de présenter la meilleure rentabilité du Groupe, et de traverser les crises dont celles de 2007-2008 et de 2011 avec une relative sérénité, même si rien n'est jamais acquis. Une grande partie de l'attention de l'équipe de direction était focalisée sur l'anticipation des mutations technologiques et des implications pour nos clients et nos offres. La combinaison d'une pratique de conseil aux directions générales, d'une expérience réussie de manageur et d'entrepreneur et la compréhension théorique et pratique de la technologie me permet d'apporter une valeur ajoutée unique à des clients.

1.4)10. Un siège éjectable

En préparant l'année 2012, Paul m'annonce que, vu mon âge, 55 ans, il faudrait passer la main ! et que le secteur va être coupé en trois pour permettre de développer les managers que j'avais désigné comme des successeurs potentiels. Je comprends que je dois quitter le groupe. En Février, je suis nommé Group Business Development Executive avec un budget de plus de 12 milliards, très ronflant mais un job purement fonctionnel. Je voulais continuer à travailler avec les banques et les assureurs. On discute alors des conditions de mon départ. Je crois que j'aurai pu rester dans un « placard » un certain temps, mais ce n'est pas vraiment ma nature...

J'ai vécu une aventure formidable dans un groupe formidable, et, je savais pertinemment être sur un siège éjectable, et cela arrive presque sans surprise. J'ai eu la confiance de Bob, Serge et Paul, qui m'ont poussé et encouragé, qu'ils en soient remerciés.

1.5) Revenir au conseil, différemment

Un période se termine, et, bien passons à autre chose. Un collègue de Capgemini, Olivier Dupin, était parti chez un autre consultant, et me poursuivait de ses assiduités pour qu'on crée ensemble une entreprise de conseil auprès des directions générales uniquement pour les Services Financiers. Je rejoins alors Ares & Co, comme Président, et, actionnaire. Au bout de 5 ans, j'ai rejoint une autre structure de partenariat d'origine allemande, zeb, à l'instigation d'un autre ex-collègue de Capgemini, l'autrichien Christian Legeny, pour ouvrir leur bureau de Londres. Au bout de trois ans et demi, atteint par la limite d'âge du partenariat, je deviens Senior Advisor de zeb, vivant toujours à Londres.

Pendant cette période, j'ai fait mon métier de consultant auprès de banques et d'assureurs en France, au UK et en Italie, beaucoup avec des clients de « toujours ». Les petites structures, comparées à Capgemini, sont au moins aussi performantes que les grandes…mais la vie d'un partenariat est loin d'être un « fleuve tranquille », et est très révélateur des réelles motivations de chacun. On en reparlera plus loin.

Je me suis focalisé sur la combinaison des sujets de stratégie, de digitalisation et de changement. Mon expérience de conseil, de manageur, et ma connaissance des technologies apporte une manière assez unique de faire du conseil. Je continue aussi à publier de nombreux articles (voir sur mon site : www.blavayssiere.com)

En parallèle, je suis administrateur de quelques entreprises, espérant que cette activité prenne progressivement une proportion plus grande de mon temps que le conseil, me permettant de m'occuper plus de ma famille, de faire plus de voile et de baisser mon handicap au golf.

Chapitre 2 : Le conseil ? des conseils !

Le mot consultant est galvaudé de tout part. Par exemple les médecins sont des consultants, les coiffeurs visagistes font du conseil, tous les professions du droit, de la fiscalité, de la comptabilité, etc. Le conseil est un métier à part entière, un des plus vieux du monde, mais sous le vocable Consultant dans le monde des affaires, la variété d'activités est très large ainsi que la manière d'exercer ce métier. Il y a plus de consultants indépendants travaillant en solo que d'entreprises de conseil, ce sont souvent des professeurs d'université ou des anciens manageurs, avec une expertise très pointue.

2.1) Les différents types de consulting

Les sociétés de conseil sont généralement segmentées entre les conseils en stratégie, les conseils en management, les conseils en systèmes d'informations. Les développeurs informatiques se font souvent appeler consultants.

2.1)1. Le conseil en stratégie

Les conseils en stratégie fournissent généralement un service aux directions générales. Les pionniers de ce métier sont notamment McKinsey et le Boston Consulting Group, même si depuis leurs offres se sont élargies à l'ensemble des services, y compris certaines prestations informatiques. Il y en a de nombreuses autres, souvent des spin-offs de ces sociétés créées par des ex-partenaires des grands noms.

La question clé posée par les clients est souvent : comment construire un avenir rentable, défendable et durable. Les projets concernent les grandes décisions sur l'architecture des activités d'un grand groupe, comme l'analyse des portefeuilles d'activité, préparer les choix pour le futur. Ce qui est critique pour réussir dans ce métier, outre l'accès aux grands clients, ce sont les capacités méthodologiques pour adresser les sujets de segmentation stratégique, de compréhension des dynamiques des différents secteurs d'activité (demande des clients, actions des concurrents), de recherche sur le futur des métiers (où sont les ruptures, les obsolescences, les vraies innovations, les « white spaces »), de modélisations financières et d'analyses de risque.

Figure 1 (un démarche stratégique typique)

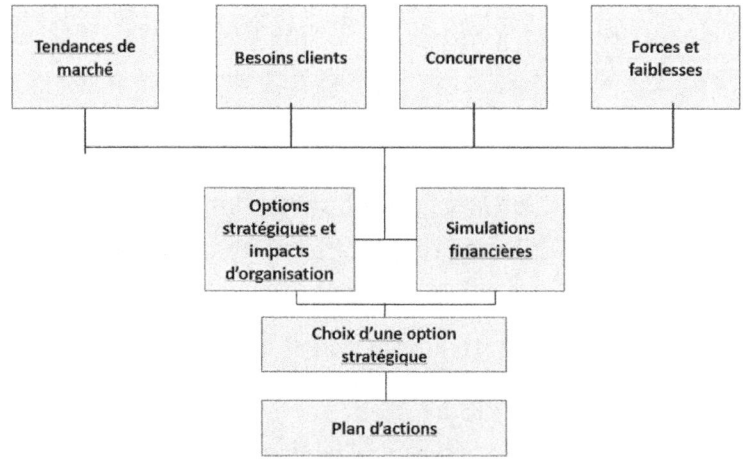

2.1)1.1. Stratégie ?

Beaucoup d'étudiants disent qu'ils veulent faire du « conseil en stratégie » sans avoir une idée de ce que cela veut dire, mais en se disant que c'est prestigieux, rémunérateur et permet de rencontrer des grand patrons…c'est vrai mais avec des nuances, et, n'arrive que dans le temps. Voir Chapitre 4.

D'abord qu'est-ce que la stratégie ? J'utilise une définition qui me parait immuable, et peut s'appliquer aussi bien aux militaires, aux scientifiques, aux ONG, et aux entreprises qu'elles soient capitalistes, mutualistes ou philanthropiques : « **La stratégie c'est l'Art d'allouer les ressources en fonction d'objectifs** ».

Chaque mot est important :

- **Objectifs** : ils peuvent se définir en part de marché, en nombre de clients, financièrement (chiffre d'affaires, rentabilité, croissance…) mais aussi en qualité de service, satisfaction des clients, impact social, contributions à la communauté ou des groupes d'intérêts particuliers (par exemple : les militaires, les artisans) etc. Ces objectifs doivent être définis de manière mesurable, et parfois qualitative.

- **Ressources** : conventionnellement cela concerne les ressources financières (capital, trésorerie, emprunt, fonds de roulement, etc.) et les investissements (en matériel, en acquisition, en recherche, etc.) les cash flows, les ressources humaines et enfin la gestion en temps. Cette dernière notion est apparue peu à peu comme une variable importante de la stratégie : quel est le bon moment pour entrer dans un marché ? C'est particulièrement pertinent pour les investissements technologiques ou marketing. Le timing est parfois critique : trop tôt vous perdez de l'argent longtemps, trop tard vous êtes non pertinent.

- **Allouer** : la stratégie, c'est faire des choix, savoir que faire et surtout ne pas faire. Avoir une grande clarté sur ce qui n'est pas retenu pour l'atteinte des objectifs est primordial.

- **Art** : Quel que soit la profondeur des analyses, la compétence des dirigeants et la qualité des options, il y a rarement un choix unique. La bonne nouvelle est que les mutations de marché ou de technologie peuvent apparaitre brutalement, mais leurs impacts sont plus lents à cause d'éléments retardateurs comme l'adoption par les utilisateurs/clients, les capacités de production, la disponibilité de certaines ressources (matière première mais aussi compétences), la préparation des organisations à accepter ces changements. Donc un bon plan stratégique prend en compte ces éléments, et l'Art consiste à trouver le bon assemblage et à savoir « quand ».

Il est rarissime de rencontrer un dirigeant maitrisant complètement ces concepts (sauf quelques anciens consultants). Néanmoins, beaucoup le font sans le savoir vraiment. Les directions de la stratégie des grands groupes font parfois ce travail mais le plus souvent de la veille de marché et concurrentiel, et, des acquisitions et désinvestissements. Il est vrai aussi que réfléchir à son futur est une activité non-quotidienne, du moins sous la forme d'un projet structuré. Mes équipes ont toujours attendu le lundi matin avec curiosité, car il m'arrivait d'avoir généré des idées pendant le week end, un dirigeant pense très souvent à l'avenir. Quant à Capgemini, la stratégie était discutée tous les six mois. Serge Kampf, grand stratège et tacticien génial, disait toujours : « n'oubliez pas, le long terme est une succession de courts termes ». Donc l'apport d'un consultant se justifie pleinement par l'apport de méthodologie, questionnement des idées reçues, et le travail en commun sur un plan stratégique.

Choses entendues

Bien sûr, beaucoup de situations critiques sont liées aux dirigeants qui n'ont pas anticipé ces changements, par arrogance (« on est les meilleurs, les concurrents sont des rigolos, les clients achèteront toujours nos produits, on a un avantage concurrentiel grâce à nos ingénieurs »), par ignorance (« vous croyez que cela existe vraiment ? »), par flemme ou inertie (« je sais qu'il faut agir, mais je prends ma retraite dans x ans… »), par crainte du conseil d'administration (« je ne peux pas me déjuger… »). Toute citation entendue…

Il est fréquent d'entendre le mot « stratégie » mis à toutes les sauces, parfois très loin de cette définition. Par exemple. Il arrive que des managers disent « c'est stratégique », sans expliquer vraiment pourquoi. Parfois, c'est une justification pour une activité qui perd de l'argent durablement, et tout le monde sait que c'est une activité protégée par le DG ou par le Président. Qu'une activité perde de l'argent, cela arrive, pour plein de bonnes raisons, mais plus de deux ans, ce n'est plus un problème conjoncturel mais structurel, comme le modèle d'affaires est non viable, la demande s'est affaissée, les prix ont baissé durablement, les coûts des matières premières ont augmenté, etc.

==Une stratégie se définit aussi par le fait qu'elle est durable, rentable et défendable.==

- **Durable** : une stratégie est généralement valide 4 à 5 ans, les voies et moyens de mise en œuvre peuvent varier, pas les objectifs, sauf circonstances particulières. Les grincheux me diront, « oui, mais en 5 ans les choses changent », évidemment, cela est pris en compte dans la planification stratégique. Si je peux me permettre l'analogie, la maintenance d'un bateau est constante, le grand carénage tous les 5 ans.

- **Rentable** : la rentabilité est un des objectifs de la stratégie. Il est souvent primordial pour maintenir la capacité d'investissement. Comment une entreprise répartit ses bénéfices entre ces différentes parties prenantes (actionnaire, clients, collaborateurs) est une discussion parfois trop rapide ou pas assez approfondie. Soit les répartitions sont immuables (tout pour l'actionnaire chez les « capitalistes », tout pour les clients chez les mutualistes, tout pour les collaborateurs chez les SCOP) Cet équilibre est vital, et peut osciller en fonction des circonstances.

- **Défendable** : le fameux « quel est l'avantage compétitif défendable créé ? », est-ce l'image/la marque, la taille, la structure de coûts, la motivation des collaborateurs, l'unicité de l'offre, la qualité de la distribution, le service client, la réactivité, l'approvisionnement, les brevets, etc.

La réponse : « tout est important » est vraie, mais être clair sur ce qui le plus important de ces attributs est parfois difficile à comprendre, et la clé d'une stratégie pérenne. Par exemple, dans la banque et l'assurance, 90 % de la stratégie est définie, explicitement et implicitement, dans les ministères des finances et chez les régulateurs, ce qui fait la différence c'est la qualité de la relation commerciale et de la distribution, la vitesse et la qualité de l'exécution.
Les dirigeants d'entreprises sont souvent issus d'une filière particulière : les ventes, la finance, la production, la recherche, etc. et tirent leur légitimité de cet héritage. Prendre un « bird eye view » sur l'entreprise est parfois un exercice difficile. Les dirigeants arrivant de l'extérieur sont souvent plus enclins à l'exercice, mais pas toujours.

De plus, dans beaucoup d'entreprises, la répartition des rôles fait que le représentant des actionnaires (le Président du Conseil d'administration en France) est aussi focalisé sur la stratégie, et, le dirigeant fait fonctionner la « machine ». Le dialogue n'est pas toujours idéal entre les deux fonctions, et, elles sont de moins de moins regroupées en une seule personne.

2.1)1.2.   « Une bonne stratégie : 1% de génie, 99% de sueur »

Une bonne stratégie est une réussite seulement si elle est implémentable et implémentée, et si les résultats sont là. Un bon document de stratégie rappelant les évolutions des marchés, des attentes des clients, des mouvements des concurrents, des potentiels de rentabilité, le positionnement recherché, les choix de ne « pas faire » et les plans d'actions, c'est 1% du travail d'un dirigeant. Le reste c'est d'organiser le fait que les collaborateurs comprennent à leur niveau ce qu'ils doivent faire évoluer pour gagner. Voilà une affirmation forte !

Ce n'est pas parce que le comité de direction est uni sur des objectifs et qu'un plan de mise en œuvre est définit que tout se met en place facilement. La déclinaison de la stratégie doit être articulée pour que chacun comprenne ce qu'il doit faire différemment, sinon il y a peu de chance que cela soit mis en œuvre efficacement. En tant que tel, c'est un exercice aussi important que le schéma stratégique global. Décliner la stratégie, c'est réfléchir aux impacts sur les quatre composantes de l'organisation au sens large (il y en a plusieurs versions selon les consultants) : la répartition des responsabilités (organigramme), les systèmes (de rémunération, de contrôle de gestion de gestion des RH, etc.), la culture (les valeurs fondamentales ne changent pas mais comment mettre en cohérence les comportements avec la stratégie) et enfin les RH (quelles sont les bonnes compétences pour demain)

La base d'un exercice stratégique pour une entreprise est de réfléchir à la meilleure manière de servir de manière rentable certains segments de clientèles dans des géographies données.
Pour cela, les attentes de clients sont analysées, l'offre est définie en croisant les types de produits et services avec le niveau de service clients attachés, les canaux de distribution adaptés, un niveau de prix est calculé entre les exigences de rentabilité, la concurrence et l'acceptation par le marché et enfin, un compte d'exploitation par segment clients par type d'offres est calculé.

Un ensemble de segments définit ainsi la stratégie de marché d'une entreprise, et affirme clairement des choix, et des renoncements.

Inverser la matrice

Mais cet exercice est incomplet pour mettre en œuvre la stratégie, sauf si l'entreprise est mono-segment, ce qui est très rarement le cas. En effet, une entreprise est organisée par fonctions : le marketing, la vente, la production, les ressources humaines, la finance, etc. La stratégie par segment ne définit pas explicitement les stratégies par fonction. Il apparait alors nécessaire de procéder à un exercice que j'ai appelé « diagonalisation de la matrice », comme diraient les matheux. Sur un axe, les segments et leurs déclinaisons (segments, offre, prix, distribution, positionnement, rentabilité), et de l'autre les fonctions telles qu'organisées dans un organigramme.

Cohérence et incohérence

Il s'agit de rendre cohérente les stratégies des fonctions avec les éléments de stratégie par segments.

Evidemment, on ne fait pas entrer des carrés dans des ronds... Rarement, l'ensemble des choix par segments peut être actionné par les fonctions sans changement fort. Ainsi, les contraintes des opérations ont des répercussions sur la faisabilité de la mise en œuvre de la stratégie.
Un bon exemple est un cas classique, il peut être cité car il date. Texas Instruments est à l'époque une entreprise qui fabrique des instruments de mesure de précision, des stroboscopes pour des laboratoires de recherche par exemple. Le management identifie un marché naissant : les calculettes de poche pour étudiants, et, confie à ses ingénieurs la mission de développer un produit. Ils conçoivent un outil de précision donc les caractéristiques techniques étaient parfaites mais très au-delà des besoins du marché et à un prix de revient prohibitif, et sans le marketing de masse nécessaire. Erreur comprise et corrigée assez vite, en embauchant des industriels de produits grand public et des distributeurs adaptés. Un grand succès alors ! Voilà une illustration rapide de l'adaptation de la mise en œuvre avec un développement stratégique pertinent. Le cas est évident me direz-vous, certes mais les occurrences sont très nombreuses où cela arrive.

De mon observation, le conseil en stratégie a beaucoup évolué au cours de ces trente dernières années, notamment avec une professionnalisation de la recherche et la nécessité d'une connaissance sectorielle approfondie. Les barrières à l'entrée restent fortes. C'était un métier d'artisan, ce n'est plus le cas. Il reste des individualités brillantes qui sur leurs relations et leurs connaissances du métier peuvent néanmoins se développer harmonieusement.

2.1)2. Le conseil en management

Le champ du conseil en management recouvre principalement les évolutions et les améliorations des fonctions de l'entreprise et de ses modes de fonctionnement. Les clients sont principalement les patrons de divisions et/ou les responsables des fonctions.
L'illustration de cela ce sont les stratégies commerciales, de production, d'approvisionnement, de ressources humaines, de gestion financière, de contrôle de gestion, etc. également toutes les gestions d'optimisation des organisations, soit de répartition des rôles entre les fonctions, ou d'efficacité des processus de manière transversale, ou de productivité propre à une entité. Donc un champ très vaste et très varié.

C'est le domaine des expertises pointues où l'expérience compte également souvent de manière primordiale, notamment pour faire la différence lors d'appel d'offres vis-à-vis de la concurrence. Un domaine souvent mal traité est le conseil de la fonction informatique. En effet, la difficulté est de trouver le bon équilibre entre la compréhension des objectifs du business et la maitrise de la technologie comme levier stratégique et opérationnel, sans se perdre dans l'expertise de l'octet, du détail. La stratégie informatique est un domaine assez fascinant.

La poule et l'œuf

En effet, la première priorité est d'avoir une grande cohérence, un alignement, avec la stratégie de l'entreprise. Le rythme de changement des systèmes d'information et de l'outil informatique qui les soutient sont généralement moins rapides que les changements de marché, alors que la maitrise des données, internes et externes, est un élément différenciant. Par ailleurs, les choix d'architecture informatique, notamment au niveau des flux des données provenant du business, des architectures logiciels et techniques sont structurants. Réciproquement, les mises en place d'infrastructure peuvent générées de nouvelles opportunités. Par exemple, un réseau de télécommunication mondiale de gestion des trésorerie interne aux banques peut générer des idées d'offres de cash management, de cash pooling, de netting, pour les clients Entreprises.

Cet équilibre entre la stratégie d'entreprise et la technologie nécessite une compréhension fine des deux aspects et de leurs interactions ce qui est assez rare. Quelques entreprises comme Arthur D Little (ADL) ou Capgemini ont ce positionnement. ADL allait aussi dans la dynamique des technologies à maitriser dans les processus de R&D et de production pour les entreprises industrielles.

Il y a tout un pan du conseil en management focalisé sur des aspects plus qualitatifs, avec aussi une grande expertise, comme les conseils en communication interne, les coaching personnel et d'équipes, les spécialistes de résolution de conflits internes.

2.1)3. Le conseil en systèmes d'information (SI)

Dans le marché du conseil, c'est le plus significatif et de loin. Cela dépend des pays et des classifications mais la stratégie représente 10 à 15% du marché, le conseil en management 20 à 30%, donc le conseil en SI de 55 à 70%. Les définitions de ce métier embrassent un champ très vaste, et, les frontières sont assez perméables avec la stratégie ou les SI.

Les grands métiers des SI, qui correspondent chacun à des types de besoins des clients, sont l'intégration de systèmes (la construction et la modification des SI), la maintenance ou application management (la gestion et l'évolution des SI existants), la gestion des infrastructures ou IM (la gestion des réseaux, des serveurs et des ordinateurs/calculateurs, la gestion des postes de travail), la gestion de processus de gestion délégué, BPO (business process outsourcing), et la prestation de services ou la mise à disposition de compétences.

L'informatique distingue aussi l'informatique de gestion, notamment pour répondre aux besoins des entreprises, et, l'informatique dite scientifique, pour répondre aux besoins de calculs par exemple dans les simulateurs (pilotage de robots industriels, plateforme de trading, tremblement de terre, vol d'avion, etc.). Je ne vais pas entrer dans les détails, mais chaque profession présente des différences profondes et structurantes notamment sur les facteurs clés de succès, les modèles économiques, les modes d'engagement de résultats, les durées de contrat, et, les ressources humaines aux compétences spécifiques. Le mot « conseil » s'applique de manière inadéquate à beaucoup de ces métiers qui ont généralement des engagements de résultats contractualisés (des SLA ou Service Level Agreement) ou/et bases sur les Indicateurs de performance (KPIs, Key Performance Indicators, en anglais).

Mais les taux journaliers des conseils en stratégie ou en management étant notoirement plus élevés que ceux des informaticiens (en général), certains, notamment aux US ont abusé de ce terme pour, ou tenter de, tirer les prix vers le haut.
Un enjeu critique de ce métier est l'évolution technologique. En effet, tous les 3 à 5 ans apparait une vraie révolution technologique, par exemple : client/serveur, progiciel, service web, APIs, architecture internet, scrum, le cloud.

Cela rend ce métier très excitant. En effet, il est nécessaire de constamment suivre ce qui se fait dans le monde, comprendre ce qui peut vraiment émerger, prendre les décisions de test et enfin analyser les impacts.
La capacité d'imagination, d'ingéniosité étant infinie, faire le tri est un exercice délicat. Les clients sont habituellement un bon indicateur, mais pas toujours ; les start-ups parfois, en général sont des bons technologues sans base de clients. L'idée est brillante mais sans application. Des pythies professionnelles, comme les analystes business, par exemple, Gartner, ont fait un métier de ces prédictions. Donc dans mes équipes, et celle de Capgemini, il y a une équipe de technologues qui régulièrement viennent présenter leurs travaux, séances tout aussi réjouissantes que lourdes de conséquences. Capgemini (comme les autres intégrateurs de systèmes) publie régulièrement maintenant un document appelé « Technovision », toujours une lecture éclairante.
(Voir : **https://www.capgemini.com/gb-en/technovision2020-technology-trends-in-business/#**)

L'évolution technologique est pour ce métier un double moteur : créer des logiciels/applications/solutions avec ces nouvelles technologies, et préparer des offres de services pour gérer l'obsolescence des anciennes applications. Un exemple illustre que le rythme n'est pas facile à appréhender : pour simplifier (les puristes me pardonneront des raccourcis), dans les années 70, une vaste majorité des programmes étaient écrits en Cobol, aujourd'hui plus de 50% des programmes dans les Institutions Financières sont encore en Cobol, bien que plus personne ne programme encore dans ce langage. Un enjeu de documentation et de compétence ! Il est amusant de constater que pour les experts de certaines applications, au cours du temps, les prix varient sensiblement en fonction de l'offre et de la demande, ce qui a des effets d'aubaine au début si vous l'avez anticipé, puis crée des problèmes de rentabilité, et enfin d'obsolescence, même si les prix remontent. Il existe, en Chine ou aux Philippines, des entreprises spécialisées dans les logiciels obsolètes. Les collaborateurs ont besoin d'un salaire, et ne sont pas ou peu concernés par le futur de leur savoir-faire.

Le modèle d'affaires du conseil

La base du modèle d'affaires du conseil est une simple multiplication :
Nombre de collaborateurs X Nombre de jours facturés (ou taux d'utilisation) X Taux journalier

Nombre de collaborateur	Taux d'utilisation	Taux journalier	Chiffre d'affaires
50	65 %	3077 Euros	100.003
113	74 %	1200 Euros	100.344
135	95 %	800 Euros	102.600
500	80 %	250 Euros	100.000

De manière simpliste : cela vous donne le chiffre d'affaires brut, en soustrayant les frais généraux, vous avez la marge nette avant bonus et impôts.

Taux de marge	Taux Frais Généraux	Marge nette*
65 %	25 %	40 %
50 %	15 %	35 %
40 %	5 %	35 %
45 %	5 %	40 %

* Avant bonus et taxes

Donc, ce modèle est très simple à comprendre, de plus il présente des dynamiques toutes aussi faciles à intégrer :
-   Un jour perdu de facturation est perdu, rien ne se capitalise
-   Une maximisation de l'utilisation est critique, jusqu'à un certain niveau
-   Le taux journalier est un levier puissant
Il y a plusieurs manières de générer un niveau de chiffre d'affaires donné :

Ces exemples représentent les différences entre les métiers, la première ligne représente plutôt le conseil en stratégie, la seconde le conseil en management et l'intégration de système, la troisième l'outsourcing, et enfin la dernière, les modèles des centres offshores. Bien sûr, il s'agit de simplification ici, la réalité est parfois plus confuse notamment à cause des perméabilités entre métiers.
Tous les leviers de cette équation sont importants. Il y a un lien direct entre les rémunérations (implicitement les types de compétences) et les taux journaliers. De même, le taux d'utilisation correspond à un mix entre les efforts commerciaux à réaliser, le niveau de recherche nécessaire et les jours de formation. Cela se reflète aussi dans les taux de frais généraux pour assurer le marketing, les outils de recherche et de formation, le recrutement. Par exemple, les contrats d'outsourcing signés pour 10 ans nécessitent peu d'efforts commerciaux alors qu'un conseil en stratégie a un contrat moyen qui dure 3 mois, et, en début d'année a entre 10 et 15% de son CA en contrats.

Des variations existent entre les pays, et entre les entreprises d'un même secteur. De même, tous les contrats n'ont pas les mêmes rentabilités, variant en fonction des positions commerciales (un nouveau client ou une longue relation), et, de la compétence sur les sujets (une expertise reconnue, ou, quelque chose à défricher). Dans la plupart des cas, la marge sur les projets des clients existants est très supérieure à celle pour les nouveaux clients, à la fois parce que la connaissance d'un client permet d'aller plus vite à la solution, mais aussi les efforts sur les prix ne sont pas les mêmes ; sans parler des cas où il y a des appels d'offres, très pertinents dans certains métiers, absolument ineptes dans d'autres cas.

2.2) Les qualités et les défauts

Avertissement : Dans la suite du propos, je me focalise principalement sur les métiers de conseil en stratégie et en management.

Parler des qualités et des défauts des consultants est un sujet infini. En effet, les circonstances de marché changent comme d'ailleurs certaines théories du management. Par ailleurs, c'est un débat propre à chaque entreprise de conseil pour définir son type de consulting et les compétences et qualités nécessaires pour y parvenir. Donc, ce qui suit est mon point de vue, et peut être débattu.

En premier lieu, le consulting est un métier de service. Les consultants sont au service des clients dans un cadre contractuel, il n'y a pas de lien hiérarchique, dans les deux sens. Il m'arrive de rêver que les managers en entreprise devraient aussi se mettre dans ce mode de service vis-à-vis de leurs patrons et de leurs troupes.

Les relations clients consultants/clients sont ainsi basées sur l'apport de valeur ajoutée, et celle-ci peut être abordée selon plusieurs angles.

2.2)1. La valeur ajoutée du conseil

Avant de détailler cela, il est nécessaire d'aborder pourquoi les clients achètent du conseil. Ecouter son client est une règle fondamentale du métier, mais l'autre règle fondamentale est de s'interroger s'il pose la bonne question et vous communique tous les éléments du dossier. Donc, il faut par approche itérative avec le client bien définir le produit final et le bon niveau d'interaction avec ses patrons, ses pairs, et ses collaborateurs.

Il y a de nombreuses motivations, mais j'aime bien les classer en quatre catégories, souvent combinées ensembles à différents degrés :
- L'apport de contenu : que faire ?
- L'apport méthodologique : comment faire ?
- L'apport de consensus : comment fédérer ?
- L'apport de « comfort » : rassurez-moi dans mes choix !

2.2)1.1.   L'apport de contenu : que faire ?

L'apport de contenu est lié à des questions comme : que dois-je faire vis-à-vis de telles ou telles géographies où je ne suis pas présent ? que font mes concurrents ? comment la réglementation XYZ va changer mes activités ? quel est votre vision du futur de l'activité ABC ?
Le conseil apporte des éléments de réponses fort de son expérience, de ses activités de recherches, d'enquêtes spécifiques d'entretiens avec les clients, de sa connaissance des concurrents et des autorités, etc. Le « benchmarking » ou comparaison avec d'autres entreprises ou marchés est un outil usuel, et propriété du consultant.
La connaissance approfondie d'un secteur d'industrie fait aussi partie des savoir-faire élémentaires que le client attend, comme d'ailleurs la connaissance de ses concurrents et ce qui pourrait se passer dans le futur. Le travail en parallèle avec plusieurs clients d'un même secteur est une source très forte de compréhension des marchés et de leurs dynamiques. Les clients sont très ambigus, ils disent à la fois : « Je veux que vous gardiez confidentiel ce qu'on fait ensemble mais dites-moi tout sur ce que vous faites avec mes concurrents ».

Confidentiel, confidentiel, est-ce que j'ai une tête de confidentiel ?

La règle de confidentialité est une règle d'or : tout ce qui est propre aux clients est confidentiel, en revanche tout ce qui est glané à partir des sources publiques est propriété du consultant et peut être partagé. Cette règle est d'or dans le conseil en stratégie et management, très aléatoire dans les services informatiques.

Un certain nombre de consultants, surtout les conseils en DG, disent ne travailler qu'avec une grande entreprise par secteur d'industrie. C'est une forme de réponse, mais aussi un argument commercial pour s'installer durablement chez un client. Aujourd'hui, je crois que les règles de confidentialité sont bien comprises par les clients et par les consultants. Il est parfois surprenant de voir les informations confidentielles qui sont communiquées par les entreprises, notamment aux analystes financiers.

D'ailleurs, les clients les plus sophistiqués ne vous recevront souvent que parce que vous avez des idées à leur apporter, et s'ils la trouvent bonne, ils vont normalement travailler avec vous. Cela demande toujours quelques investissements. Quelques clients se sont fait une spécialité de faire courir la place, et, ne jamais rien acheter, mais mettent les idées en œuvre seuls. Comportement d'un grand cynisme. Mais il est difficile de résister à l'appel d'un grand nom de l'industrie. Je m'en suis expliqué une fois assez vertement avec le Président d'un grand groupe coté, qui, d'une part disait « si un de mes dirigeants prend un consultant, c'est qu'il n'est pas à sa place », et, m'avait prié de prendre son fils comme consultant, pour le former. Nous sommes toujours en bon terme.

J'ai eu le plaisir au cours du temps de rencontrer de nombreux chefs d'entreprises sur plusieurs continents. Lors des premiers entretiens, après les politesses d'usage, et au risque de faire des généralisations hâtives, les préoccupations initiales des patrons varient d'un continent à l'autre.

En Europe, la question de la réglementation est toujours en première ligne, ce qui assez normal dans une Europe de la Finance en perpétuel chantier ; aux Etats-Unis, la première question est sur la technologie et l'avantage concurrentiel qu'elle pourrait leur donner ; en Asie, la question porte plutôt sur la concurrence internationale.

Par ailleurs, n'importe quelle question peut surgir, sur l'innovation produit, sur les déformations de compte d'exploitation sous la pression des clients, sur l'émergence de rupture, ... Personne n'est censé être omniscient, mais les patrons attendent souvent des réponses spontanées et structurées, cela fait aussi parti de l'apport de contenu. Les travaux de recherche, les rapports, sont des outils marketing qui permettent de véhiculer des convictions et des points de vie à discuter avec le client.

L'aspect méthodologique est un point d'ancrage des savoir-faire du consultant. La « recherche » dans ce domaine, se développe au gré des projets où des situations nouvelles apparaissent, et sont codifiées pour pouvoir être partagées avec d'autres clients. Dans ce domaine, la proximité avec le monde académique, et en particulier de sa recherche, est un facteur d'enrichissement et de développement, comme chez The MAC Group ou chez zeb.

2.2)1.2. L'apport méthodologique : comment faire ?

Il arrive souvent que l'origine d'une mission de conseil soit générée par la frustration de certains de ne pas résoudre un problème identifié. Cela fait plusieurs fois qu'une task force interne essaie d'apporter des solutions sans résoudre complètement le problème de manière pertinente.

L'origine de ces difficultés peut être diverse, liée à une mauvaise décision prise par un « grand chef » que personne ne veut corriger, une approche du problème très parcellaire, des analyses incomplètes, et, en même temps, la compréhension par l'organisation (qui sait d'où vient le problème) de la sensibilité de la question, personne ne veut être une victime collatérale. Comme disent les anglo-saxons : « don't kill the messenger ! ».

La vie ou la mort ?

Donc en reprenant le problème et en le reposant correctement, en termes de champs et de méthodes d'analyses, la possibilité d'arriver à une solution est plus facile. Un exemple ? Un client assureur vie perdait de l'argent sur un produit d'épargne. Le Président était très fier de ce produit, féru de ses détails et son meilleur agent commercial, il en parlait à chaque intervention, presqu'une fois par jour. Celui-ci représentait la plus grande part de la croissance et au-delà de 50% des primes acquises annuellement. Le Président était, en même temps, furieux d'avoir aussi à compenser les fonds propres tous les ans, ce qui est normal en période de croissance en assurance, mais pas aux niveaux auxquels cela arrivait. La question posée par le DG portait sur la rentabilité de l'entreprise et son besoin de fonds propres pour en discuter avec le Président. En fait, le problème s'analysait simplement ; 1) après moults calculs actuariels, le produit s'avère structurellement déficitaire, et, tout le management le savait 2) Personne ne veut le dire au Président et changer ses caractéristiques.

Risques ou risques ?

Un autre exemple de comment ? Le DG d'un holding d'investissement possédant une banque et une compagnie d'assurance, tous les deux dans le top 10 en France, nous demande d'organiser des échanges, de le faire avec le soutien de l'INSEAD.
Donc l'objectif était de réunir les deux comités exécutifs et leurs N-1, qu'ils échangent et qu'ils apprennent à se connaitre pour générer plus d'affaires en commun. A part les sujets commerciaux, il y a une eu une « épiphanie » lorsqu'au cours d'une après-midi, la gestion du risque a été disséquée. Le professionnalisme des deux entités était très sophistiqué, l'un sur l'analyse des clients et l'autre sur la gestion des bilans, en combinant les savoir-faire, l'amélioration et le contrôle de la performance a été remarquable, même si le holding a vendu peu de temps après l'une des deux entités...

D'autres questions sont moins délicates politiquement, et peuvent concerner des questions autour des nouveaux critères de segmentation des besoins des clients, les raffinements sur les méthodes d'analyse de la rentabilité, les bons indicateurs de qualité (de service client, de production, etc.) Une bonne combinaison entre le benchmark des concurrents et les travaux académiques fournit habituellement de bonne base de réponse

2.2)1.3.   L'apport de consensus : comment fédérer ?

Il arrive assez fréquemment que les comités de direction divergent sur des décisions à prendre, des investissements à engager, des trajectoires à choisir. Résoudre ce nœud gordien peut passer par le recours à un conseil.
Ce genre de projet, tout en utilisant des méthodologies adéquates, est plein de chausse trappes. En effet, des enjeux de pouvoir ou de personne sont rarement analysés.

La sainte trilogie

J'ai l'habitude, prise chez Capgemini, d'analyser les décisions en considérant qu'il y a toujours trois composantes à une décision : le rationnel, le politique et l'émotionnel.
Le « rationnel » fait référence à la logique de la décision par rapport à des conditions de marché, des comptes d'exploitation, des ressources disponibles, de la technologie, etc. Bref c'est la partie sous-tendue notamment par des analyses, des modèles, des benchmarks, des options quantifiées et classées par niveau de risque et de faisabilité.

Produits vs clients

Le « politique » fait référence aux rapports de force à l'intérieur de l'entreprise, et aux changements induits dans la perception que chacun aura de son pouvoir futur. Un exemple hyperclassique est le suivant (désolé, la présentation est un peu caricaturale) : lorsque les différenciations par segments de clients augmentent, il est rationnel pour optimiser les investissements le long de la chaine de valeur, de passer d'une organisation fragmentée le long de la chaine de valeur (marketing, production, distribution, SAV, etc.) à une organisation intégrée par segment client, tout en construisant les coordinations transverses. Les décisions sont in fine du ressort des patrons de segments client et non plus des organisations « produits » ou distribution. Il n'y a quasiment aucune chance de mettre en œuvre un tel changement si les patrons ne restent pas patrons, autrement dit que les ex-responsable des comptes d'exploitation le restent, même s'ils couvrent des champs différents, au moins dans une première phase. C'est douloureux pour les patrons de segments, qui pensent devenir les décideurs, c'est une condition d'une bonne mise en œuvre. Il est remarquable comment en changeant de casquette, les attitudes peuvent s'inverser immédiatement.

L'« émotionnel » est encore d'une autre nature. Il tient plus aux aspirations de chacun et aux liens personnels tissés dans l'entreprise. Par exemple, communément dans des entreprises, quelles que soit leurs tailles, les patrons ont des protégés, des poulains ou des liens familiaux avec certains. Proposer des solutions qui ne tiennent pas compte de ces éléments est un échec assuré, parce qu'ils ne sont pas toujours apparents.

Par exemple, il existe dans certaines (toutes ?) entreprises, des réseaux informels comme les réseaux francs-maçons, les réseaux des grandes écoles/universités, dans certains pays, les anciens des forces armées ou d'un parti politique, les décisions ne sont pas toujours prises alors juste sur le rationnel. Les patrons pèsent souvent les éléments de confiance et de loyauté comme des attributs parfois plus importants que la seule compétence. Attention, le propos n'est pas de juger, mais juste de souligner que c'est un élément de décision à prendre en compte, par vous, ou par d'autres. L'autre angle d'attaque de ce sujet, c'est l'ego. Certains manageurs ont des convictions bien ancrées que même une forte rationalité ne peut ébranler, souvent liée à une intuition origine d'un succès à un moment donné.

Il me semble qu'une décision est toujours meilleure si elle est collectivement approuvée (pas seulement en apparence) qu'imposée par la force, même de conviction. Les composantes d'une bonne décision sont le bon respect de ces trois aspects, évitant un déséquilibre : trop rationnel les collaborateurs ne vont pas y croire, trop politique conduira à des bagarres internes interminables, trop émotionnel soulèvera cynisme et scepticisme.

2.2)1.4. L'apport de « comfort » : rassurez-moi dans mes choix !

« Comfort » en anglais couvre une notion qui combine à la fois le mot de réassurance et de confort. En fonction du niveau d'intimité et de confiance avec son client donneur d'ordre, le consultant peut jouer un rôle différent que juste celui de gérer une équipe pour produire un résultat. Au niveau individuel, les trois composantes (rationnel, politique et émotionnel) influent au quotidien dans ses comportements.

Beaucoup de patrons doutent, savent pertinemment qu'il n'y a jamais LA bonne décision. Par ailleurs, il est rare qu'il puisse s'en ouvrir à leurs collaborateurs, tous remplaçants en puissance, ou de peur d'apparaitre hésitant, et faible. Donc le consultant peut jouer un rôle. Il faut trouver le bon équilibre, la bonne distance et la bonne discrétion. En effet, de l'extérieur, vous pouvez être alors vu comme le confident du patron, qui peut vous amener du business par les courtisans invétérés, mais aussi vous entacher de partialité en vous accusant de conflit d'intérêt entre les objectifs de l'entreprise et ceux de Monsieur/Madame X.

2.3) Le développement commercial

Le développement commercial dans une société de conseil est l'apanage de tous, mais surtout des partenaires et des Principaux (le niveau juste avant partenaire, les dénominations varient d'une entreprise à l'autre). Une carrière de consultant à un certain niveau se fait sur la capacité à vendre des projets et à développer une relation avec un client de manière durable.

Il y a plusieurs sources de génération de projets : les relations personnelles, les appels d'offres et le marketing. Les proportions de ces sources varient énormément, le marketing, appel direct à froid est une partie non mesurable pour la stratégie, et minime pour le conseil en management, vaguement plus significative pour l'IT, mais toujours faible. Le marketing est un créateur d'image et une réassurance, peu un générateur direct de projets.

Pour mettre cela en perspective, certains ratios courant dans le métier du conseil doivent être gardés à l'esprit. Sur trente contacts qualifiés, dix pistes de proposition sont identifiées, trois propositions sont effectivement soumises et un est un contrat attribué. Ces chiffres sont ceux qui proviennent de mon expérience ; ils pourraient ne pas être pertinent pour toutes les entreprises. Ils varient également en fonction de l'historique des relations avec certains clients. Par conséquent, la vente est un exercice coûteux qui exige une bonne sélection des opportunités et de la rigueur.

2.3)1. Les relations personnelles

Les relations personnelles se cultivent dans la durée lors des projets. Les clients d'hier sont les clients de demain, surtout si leurs projets sont réussis et qu'ils progressent aussi dans la carrière. Vu les enjeux pour un client de prendre un consultant, une bonne relation de confiance est souvent importante. En effet, engager un consultant, c'est un acte de management bien réfléchi et couteux.

L'incestueuse relation Audit et Consulting

De nombreuses entreprises ont des budgets de consulting significatifs, parfois en étant clairs sur ce qu'elles cherchent, d'autres c'est un complément pour des manageurs « débordés ». Les big 4 (E&Y, KPMG, Deloitte, PwC) se sont fait une spécialité du consulting en appui du management intermédiaire, avec grand succès. La grande majorité des projets viennent à la suite de recommandations des auditeurs comptables, qu'ils soient commissaires aux comptes ou pas.

Les règles imposées sur les conflits d'intérêt entre conseil et comptable après l'affaire Enron, sont fortes, mais les mêmes causes recréent les mêmes effets. Capgemini avait acheté la partie consulting d'E&Y dans 37 pays en 2000. Aujourd'hui, le conseil chez E&Y est plus important en taille qu'à l'époque. Chassez le naturel, il revient au galop. A grands frais, les big 4 ont essayé de constituer des équipes de stratégies, avec, à ce jour, un succès mitigé, notamment à cause de la prédominance des partenaires de l'Audit, qui tiennent à leurs relations, mais aussi à des questions de culture de conseil. Pour mener à bien un projet de stratégie, il faut une certaine liberté de ton et de manœuvre.... Et potentiellement remettre en cause certains mandats des CAC.

Le développement commercial pour la stratégie et le conseil en management est une combinaison de relationnel et de contenu. Les clients avisés savent parfaitement ce que vous savez faire et ce qui n'est pas de votre sphère de compétences. Par ailleurs, pour garder leur confiance, soyez sûr de produire le résultat attendu. Il y a quelques contrats chez Capgemini qui correspondaient à des engagements impossibles à tenir, soit vous corrigez les objectifs, soit vous y tenez, mais dans tous les cas la perte financière sera élevée.

La qualité d'un projet est toujours la garantie d'une relation durable et la création d'une confiance. L'illustration de ce propos s'exprime clairement dans la gestion d'un grand compte.

2.3)2. La gestion de compte

Un grand compte, dans le jargon du consultant, est un client, comme un grand groupe bancaire ou d'assurance multinational. Les budgets de consulting (hors IT) peuvent atteindre plusieurs dizaines de millions (quel que soit la devise), voire dépasser les 100 millions.
Les budgets IT peuvent atteindre le milliard. Ainsi, le développement commercial dans un grand groupe pour le conseil nécessite une stratégie, au sens premier : l'art d'allouer des ressources en fonction d'objectifs. Le jeu en vaut la chandelle permettant de construire des sources de revenus relativement stables, même si jamais garanties. Par exemple, chez Capgemini, 40 groupes bancaires dans le monde étaient ciblés avec une espérance de revenu de l'ordre de 30 millions chacun. Le développement dans ces groupes était à des niveaux de maturité différents.

Les objectifs par groupe était défini par une mesure appelée « part de portefeuille », ou quelle est notre part de marché dans les budgets de consulting pour chacune des activités (Conseil, IT, Outsourcing).

La construction d'un tel niveau de revenu ne se fait pas en un jour, mais, sauf coup de chance, prend facilement 2 à 3 ans. Cette période est délicate car elle implique pour les consultants/commerciaux dédiés que leurs efforts ne sont pas visibles immédiatement en termes de revenu, et, donc, cela leur fait craindre pour leur niveau de bonus. Convaincre un bon consultant de se dédier à 100% à un compte est un exercice difficile car très déstabilisant, non seulement en contenu mais en rythme aussi. Il est commun de penser qu'en partant de zéro, au bout de 12 à 18 mois les premiers résultats doivent apparaitre. Pour les entreprises basées sur des résultats annuels cela peut être une difficulté, et, pour le management des actes de constance et de persévérance.

La première chose à faire est d'établir une stratégie de compte : qui va-t-on cibler comme client, quels sujets va-t-on privilégier ? quel niveau d'investissements ? quelle ambition ?
En termes de client, dans les grands groupes, pour réussir une vente, il est nécessaire d'identifier les différents rôles (qui sont toujours présents) : qui est le plus concerné par les résultats ? qui est le détenteur du budget ? qui est le validateur technique ou administratif ? qui va être la cheville ouvrière quotidienne ? d'expérience, ce sont souvent plusieurs personnes ; le DG va être préoccupé, par exemple, par la réduction des coûts dans la division D, le patron de la division D est plus focalisé sur le développement commercial mais comprend le besoin, et son directeur administratif aura les budgets de consulting pour la réduction des coûts, et les achats auront sélectionné des consultants pour cela. Pour vendre un projet, il convient alors d'aligner tout le monde. Et c'est un exercice assez long, sauf si vous êtes imposés par le haut, mais alors, il faut gérer les frustrations et les oppositions ainsi créées, condition sine qua none de votre pérennité. Il se peut que vous soyez aussi reconnus comme ayant des compétences/savoir-faire différenciants qui s'imposent à tous.

La stratégie de compte, basée sur la compréhension des enjeux du compte, de la connaissance des interlocuteurs et de leurs motivations, de la présence des concurrents, définit un plan d'attaque. Il m'arrive de pousser les équipes à réfléchir à définir une ambition pour leur client comme s'ils étaient eux-mêmes à sa place, une ambition au moins aussi élevée que le client lui-même sinon plus.

Penelope et la gestion de compte

L'exécution du plan de compte, revue régulièrement, permet de conforter les choix ou de les remettre en cause. Un succès n'est jamais garanti ! J'ai pu constater que le premier projet est critique car il permet d'établir une crédibilité, mais aussi, commencer à tisser des liens de confiance avec les managers de l'entreprise, pas seulement ceux directement impliqués, mais aussi les observateurs extérieurs au projet lui-même. Ils deviennent de facto potentiellement des clients futurs. Il faut néanmoins faire très attention, en parlant d'expérience, car dans les grandes structures si vous aidez quelqu'un à réussir, cela peut créer des inimitiés profondes chez leurs rivaux internes : « Vous avez travaillé avec untel, jamais vous ne travaillerez pour moi ». Il est naïf de penser pouvoir mener des projets individuels pour tous les membres d'un comité de direction. Pour créer des liens de confiance, les dirigeants recherchent votre niveau de loyauté vis-à-vis d'eux individuellement, pas toujours facile à intégrer. La loyauté vis-à-vis d'un client est une bonne et une mauvaise nouvelle : la bonne nouvelle est que s'il change d'entreprise il vous emmène dans ses bagages (normalement), cependant vous perdez l'activité avec son précédent employeur.

Pour gérer cela, un tandem dans une relation est toujours utile (le partenaire politique et le partenaire technicien), en gérant les susceptibilités, par exemple en inversant les rôles sur un autre compte. La mauvaise nouvelle est que travailler pour lui peut de facto fermer les portes de ses concurrents internes. Chaque situation de compte est spécifique, ainsi, la formation et la maturation des chargés de compte, sont un exercice au temps long.

2.3)3. Les appels d'offres

L'autre type de développement commercial est par la réponse aux appels d'offres. Cela peut être un bon canal, mais c'est couteux et très aléatoire. La différence de taux de succès entre un projet vendu par une connexion directe et par appel d'offre (AO) est de 1 à 10, pour le conseil, et de 1 à 3 pour l'IT. Sachant que le taux de succès moyen est d'un tiers, ce sont des exercices couteux.

Pour recevoir un AO (à part les marchés publics), c'est un processus à part entière. En effet, la liste des entreprises recevant l'AO est déterminée généralement par un accord entre le demandeur et la Direction des Achats qui normalement gère le process. Il est donc nécessaire d'être identifié par ces deux parties prenantes. Le mieux est d'être sponsorisé par l'un ou l'autre. Pour être sponsorisé, il faut avoir fait le travail en amont de se positionner, et de comprendre éventuellement qu'un appel d'offres va être publié. Il y a des professionnels des AO qui répondent à tout, en espérant en gagner un in fine, cela ressemble à tirer en l'air à la chasse en espérant qu'un vol de canards passe à ce moment-là. Certains appels d'offre sont gérés, au-delà des achats par des consultants spécialisés, notamment dans l'outsourcing. Leur intérêt est que le process dure le plus longtemps possible, j'en ai vu courir sur plus d'une année…et plus d'un million d'euros de budget, par participant, sans forcément aboutir.

O tempora, o mores

Parfois l'irrespect des clients pour leur fournisseur laisse pantois. Un exemple douloureux : une grande banque européenne veut changer son système comptable par le logiciel SAP, il lance après des études préliminaires un AO.
Nos estimations sont que le projet sera entre 200 et 250 millions d'euros, vive bagarre, 5 consortiums retenus en short list après un an de palabres et quelques millions d'investissement par chacun... puis convocation du DG pour une réunion collective : « nous n'allons pas faire le projet, il n'est pas rentable pour nous, merci de vos efforts ». Le seul bon souvenir de cette épisode particulier est finalement la Bronca bien animée dans la salle, le DG doit s'en souvenir.

Le process d'AO, peut démarrer par un round de qualification concernant une trentaine d'entreprises, puis une « long list » d'une dizaine, et enfin une « short list » de 2 ou 3 noms, se présentent à un oral. Evaluer la probabilité que l'on soit à l'oral est critique car c'est une décision d'investissement. La connaissance des interlocuteurs, du contexte, des résultats attendus, des budgets et du niveau de mobilisation sont des paramètres à prendre en compte pour décider. Souvent, je dis, « on ne répond qu'aux AO que l'on a écrits ! », c'est à moitié une boutade. Mais si un AO arrive sans qu'on le sache, il y a une erreur quelque part. Être prévenu d'un AO peut venir du demandeur ou de la direction des Achats. Le demandeur est votre client régulier, soit vous a déjà contracté ou il vous connait. Certains AO sont purement formels, le décideur sait déjà avec qui il veut travailler. Il arrive que l'on vous demande de répondre à un AO tout en vous disant que vous leur rendez un service pour satisfaire les achats et qu'ils vous revaudront ça ! Parfois, c'est vous l'entreprise choisie a priori...

Dans une stratégie de compte, répondre à des AO est vital, pour se faire connaitre. Si les Achats ne sont pas obtus, hypothèse forte, c'est un exercice d'apprentissage réciproque. « Pour gagner des AOs, il faut en perdre », ce n'est pas du masochisme., il vaut mieux les gagner, mais si vous répondez sur les sujets que vous maitrisez, que vous présentez à l'oral, vous créez la confiance qui vous permet de démontrer que vous pouvez traiter les sujets complexes et les grands projets.

2.3)4. La gestion des contrats

La relation contractuelle avec un client de conseil connait plusieurs formes, très classiques : au temps passé, au forfait, aux résultats, ou toute combinaison possible.
La base d'une relation contractuelle, disent les juristes, est une chose et un prix, et pour nos projets, un délai. Pour des projets simples, par exemple, une analyse de marché qui ne dépend pas de données internes du client, le contrat est assez simple à écrire. Pour les sujets plus compliqués, par exemple une réduction de couts de x Millions, il est courant de mener un avant-projet, puis de structurer le projet. C'est la meilleure manière de se mettre d'accord sur un résultat, des niveaux de ressources (qui impliquent un prix) et des délais de réalisation.
La plupart de mes contrats sont un forfait simple, ou forfait plafonné à pilotage conjoint. Pour les contrats de plus de six mois, il est courant de prévoir une revue régulière des objectifs, des ressources et des délais. En effet, la situation de l'entreprise peut changer vite, et, donc, il peut y avoir un besoin de s'adapter, ou, le projet rencontre des difficultés imprévues, et, il est aussi nécessaire de revoir certaines des hypothèses, et de réviser le budget. Sauf, à avoir un client de mauvaise foi, et des achats obtus, la transparence est la meilleure des politiques pour garder une bonne visibilité du résultat, des délais et du coût.

Beaucoup de consultants facturent au temps passé, comme certaines professions, avocats, fiscalistes, etc. Cette forme très habituelle convient bien aux engagements liés à une personne, et à l'informatique, pour intégrer des ressources dans des équipes, sans que le conseil prenne de responsabilité, plus de la délégation de personnel, de l'intérim que du conseil.

Partager le succès ou Pyrrhus ?

Parfois, les clients veulent s'assurer que leur conseil est bien engagé avec eux sur les mêmes enjeux, et que le conseil porte aussi une part de risque. Par exemple, pour un accompagnement pour des réductions de coûts ou un accroissement de parts de marché, le client va demander (ou le conseil proposer) que x % des honoraires dépendent du résultat, avec une pénalité et une récompense. La pénalité fonctionne si les résultats sont en deçà, et la récompense si les résultats sont au-dessus. Il y a deux difficultés majeures à ces « success fees » : une mesure du résultat non discutable, et, la confidentialité de l'accord. En effet, si beaucoup de collaborateurs sont au courant, alors le process du conseil est potentiellement pollué par des questions du genre : « vous faites cela dans l'intérêt de l'entreprise ou dans votre intérêt ? ». Ces contrats sont généralement très lucratifs, si réussis, au point de parfois devenir un problème. Par exemple, nous faisions un projet de réduction de coûts pour une banque en Angleterre, on avait environ 5 millions de livres Sterling de nos honoraires à risque, sur un projet de 15.

Le projet est un succès, la formule retenue avec le DG et le Chairman conduit à un « droit » à un bonus d'honoraires de 30 millions. Que faire ? « Take the money and run » ? La formule la plus élégante pour moi, est d'en récupérer une partie pour assurer une bonne marge, et de convertir le reste en droit de tirage pour des projets futurs, ce qui présente un double bénéfice, le client n'a pas à se justifier d'un montant, parfois difficile à expliquer, et pour le conseil, cela assure une forme de pérennité de la relation.

Il y a souvent un débat sur le « value pricing » des contrats de conseil. Un de nos confrères, Bain & Cie, créé par un ancien du BCG, publiait régulièrement les augmentations de valeurs boursières de ses clients, puis est passé dans une phase d'investissement chez ses clients, puis enfin est devenu un fonds d'investissement très prospère, Bain Capital. Du coup la partie conseil est devenue dépendante du fonds, un changement de métier. L'autre angle de vue sur le « value pricing » est le débat avec le métier des banques d'affaires. Comme conseil en stratégie, en particulier, lors les projets de croissance, l'option qui peut être retenue est une acquisition. Nous allons alors identifier les cibles, rencontrer les dirigeants, discuter des projets de rapprochement, et, discuter des modalités financières d'acquisition (évidement en appui du client). Pour finaliser l'acquisition, le client va faire appel à une banque d'affaires pour structurer le financement, et plus si c'est une entreprise cotée, comme le placement d'une augmentation de capital finançant l'acquisition. Ce qui interpelle un consultant est la différence de rémunération, en fonction de la taille de l'entreprise cible, un rapport de 1 à 10 (voire 100) est courant. Quand on a facturé, par exemple, 2 millions et fait 90% du travail, il y a de quoi réfléchir...

Malgré tout, c'est un autre métier, ce que certains ont du mal à comprendre. La même chose est arrivée lors des récents exercices de sortie des bilans de portefeuille de crédits. Le conseil fait tout le travail d'analyse, de packager les portefeuilles pour les rendre attractifs, et, une foultitude de calculs actuariels, puis une banque d'affaires prend une commission de placement, totalement disproportionnée.

2.3)5. Les Achats, un mal utile ?

Les directions des Achats se sont imposées dans les années 90, souvent après des travaux de consultants (où avions nous la tête ?), pour rationaliser le nombre de fournisseurs, mais aussi pour réduire les coûts, exercice salutaire et efficace. Des listes de fournisseurs agréés sont établies régulièrement, le processus pour être sur ces listes est plus ou moins long et pénible, il comprend toujours une discussion sur vos champs de compétences, les prix et le cadre juridique, autant de discussions qui peuvent être intelligentes ou absurdes. Cela étant, la liste est poreuse ou pas, en fonction du poids de la direction des achats, elle peut être appliquée strictement ou pas. Dans certaines entreprises, vous n'êtes pas sur la liste, c'est un client définitivement perdu, sauf exception rarissime, et même si un patron veut vous imposer. Entretenir des relations suivies avec les directions des achats est nécessaire, pour comprendre ce qui se passe, pour expliquer ce que vous faites, etc. Cela peut être d'une grande valeur ajoutée des deux côtés. Obtenir un discours « adulte », au sens de l'analyse transactionnelle du terme, avec une direction des achats est peu courant. Ils sont toujours entre un discours « parent critique » : « vous êtes trop cher pour la qualité », ou, « enfant manipulateur » ; « si vous ne faites pas ce prix, je vous enlève de la liste ». J'ai croisé plus de gens difficiles dans les directions des achats que partout ailleurs.

Leur gestion des AO est souvent inepte, permet peu souvent de vraiment convaincre, et se contente d'exposer, surtout pour du consulting en stratégie ou management. Ils sont souvent en conflit avec tout le monde, en interne comme en externe. Dans les négociations de prix, jamais une direction des achats ne s'engage sur des volumes. De plus, si vous baissez vos prix, une fois, jamais vous ne pouvez les remonter, soit vous dégradez la marge, soit la qualité, tout le monde y perd, mais les achats sont contents, ils ont baissé les prix !

Un démarche Achats est très utile, mais elle s'applique assez mal aux prestations de conseil pur, un peu mieux à l'IT. Acheter des prestations intellectuelles, c'est différent de l'achat de matériel de bureau ou du papier toilette, surtout quand la qualité d'une prestation dépend in fine de la relation de confiance créée. De nombreux clients se sentent bridés par les achats, et doutent parfois de leur réelle valeur ajoutée.

En conclusion, les activités commerciales dans le conseil ont beaucoup changé au cours du temps, à cause de la multiplication de la concurrence, de l'éducation des clients (dont souvent des anciens consultants), du poids accru des directions des achats. Je crois que les résultats tangibles et la loyauté dans une stratégie de compte servant les objectifs de l'entreprise et de son client resteront les constantes du succès.

2.4) Contenu versus process, et contenu et process

Pour moi, la valeur ajoutée du consultant se caractérise aussi par le contenu et le process du conseil. Certains veulent toujours opposer l'un à l'autre.

Le consultant, qui se voit comme un professionnel du contenu, pense tout savoir sur quelque chose, un sous-secteur de l'industrie (par exemple : le crédit consommation, le risque de contrepartie), ou une discipline de management (la logistique, la réduction de coûts). Le consultant process lui se voit comme quelqu'un qui fait exprimer à chacun ses points de vue et construit avec les participants une solution, sans avoir lui-même une idée préconçue ou « an educated guess » de la solution. Les deux approches sont parfaitement légitimes dans des situations spécifiques : l'expertise pour un éclairage externe, le process pour les fonctionnements de comité ou les résolutions de conflit. Les talents pour les deux approches sont très différents, l'un est à dominante rationnelle et quantitative, et l'autre est focalisé sur la gestion de l'émotionnel. Ne les mettez jamais à contre-emploi...

Si l'objet d'une mission de conseil est, de mon point de vue, de faire que les situations évoluent durablement alors toute mission doit trouver le bon dosage entre ces deux éléments qui loin de s'opposer, se complètent. Il peut arriver que le client pose une question de contenu, par exemple, « que dois-je faire en réaction à telle ou telle innovation ? ». Au cours des entretiens pour comprendre ce que l'entreprise a déjà initié, une série de conflits internes ou de procès d'intention (« untel n'en voudra jamais car il n'y croit pas et c'est lui qui a les budgets de recherche ») vont probablement surgir, il faut alors adapter le process du projet pour prendre ces faits nouveaux en compte.

2.5) Les exigences du métier

Lors des entretiens de recrutement, la question revient régulièrement : quelles sont les qualités nécessaires pour devenir un bon consultant ? et de répondre, doctement : « les 3 i : instable, insatisfait, curieux impénitent ».
Bien sûr, je parle de qualités dans la vie professionnelle, quoique.

Instable :

Il faut comprendre qu'une mission de conseil dure entre 3 et six mois, parfois jusqu'à 18 mois. La relation avec un client peut être évidement plus longue en couvrant une variété de sujets et de situations. Un projet plus long, c'est un autre métier que celui-ci d'accompagner le client dans ses phases de changement. Donc la première instabilité est souvent liée aux changements de situations clients, il faut aimer changer et s'adapter à de multiples cultures d'entreprise, comportements, ambitions, modes de réflexion, etc. Dans les premières années de carrière de consultant, une rotation a minima tous les six mois est une bonne pratique. Il faut aussi aimer changer de sujets souvent, de la finance, au marketing, au commercial, etc.

Insatisfait :

Au cours d'un projet, il y a toujours des moments clés, comme les comités de pilotage, les présentations aux comités de direction, aux conseils d'administration, ou à des interlocuteurs clés du projet. Je n'ai jamais entendu un bon consultant dire : « cette présentation/support de discussion est parfaite ». Il y a toujours une analyse qui pourrait être plus poussée, une pré-présentation du support à une des personnes clés non faite, un raisonnement à faire valider par un expert, des perspectives externes à ajouter, etc.

D'ailleurs, une expression venue des Amériques est « analysis paralysis », ou : des analyses peuvent être menées à l'infini, pour affiner les détails, mais, il faut à un moment donné en tirer les conclusions pour l'action. Le timing du bon moment pour arrêter de raffiner les analyses pour passer aux enseignements, conclusions et recommandations est toujours un débat. Cette exigence de recul vis-à-vis de son travail est salutaire et constructive, même si on peut voir certains partenaires en faire une torture pour leurs équipes. Parfois, la conséquence est que les « charrettes de nuit » s'enchaînent, et que des consultants s'en vont à cause d'une pression qui peut leur paraitre injustifiée, une question de dosage évidemment. A la fin, le seul juge, c'est le client, et il réagit rarement comme prévu.

Curieux impénitent :

Les 3 i sont liés, l'instabilité, l'insatisfaction se nourrissent de la curiosité, du besoin d'explorer de nouveaux sujets, de creuser de nouvelles problématiques, de découvrir de nouvelles manières de voir une solution, d'apprendre quelque chose de nouveau, etc. La lecture de journaux et de revues, la consultation de sites web, l'accès à des papiers de recherche, la participation à des conférences, les séminaires internes contribuent à cela. En premier lieu, il s'agit de conforter la connaissance du sujet du projet du moment. Au-delà de ça, de mon expérience, il arrive très souvent qu'un client vous apostrophe sur un sujet très éloigné de celui du contrat : que pensez-vous de la dernière réglementation ? pour quoi Untel achète l'entreprise E ? Machin a déclaré que ... vous n'êtes pas obligé de tout savoir, mais avoir une première opinion n'empêche pas de revenir avec un point de vue plus documenté. Parfois, une source de nouveau projet.

Une citation de M. Bakounine, un anarchiste russe, m'a toujours plu : « la liberté des autres étend la mienne à l'infini ». En la détournant un peu : « les savoir-faire des autres étend les miens à l'infini ». Autrement dit, les savoir-faire ou compétences des autres me permettent d'aller plus loin avec les clients. C'est une des richesses du conseil qu'il faut savoir utiliser et sur laquelle s'appuyer pour fournir la meilleure valeur ajoutée possible. Aller vers les autres en curieux de ce qu'ils peuvent vous apporter.

Mon épouse pense que ce sont bien des qualités professionnelles, car dans la vie de tous les jours, cela peut être source de surprises ! où est la frontière dans un métier très prenant ?

Les défauts, parfois très apparents, d'un consultant sont le reflet de ces qualités : ne pas s'attacher à des relations de long terme, prétendre savoir tout sur tout, poser des questions même indiscrètes, ou un mélange à des dosages variés. L'arrogance du consultant, souvent un reflet de sa propre incertitude, est un des traits de ce métier qui me rebute le plus. Il n'est pas rare d'entendre : « si le client ne comprend pas, il ne nous mérite pas comme conseil ». J'ai aussi assisté, invité par un client ou comme client potentiel recevant des consultants, à des présentations de consultants, exposant un point de vue, et, disant : « si vous ne faites pas ce que nous préconisons, vous êtes mort ! ». Terrifiant, non ? Combien de fois, les consultants ont prévu la mort de la banque de réseaux, remplacée totalement par les banques sur internet ? ce n'est toujours pas près d'arriver, même s'il y a des évolutions fortes dans le contenu des services dans une agence, et les récents confinements ont démontré l'efficacité des services à distance.

Un autre défaut est d'oublier que le consultant n'est qu'un prestataire de service, pas un élément de la hiérarchie. Prétendre se substituer à une hiérarchie est une erreur qui est fatale dans la relation avec certains clients, en particulier quand les équipes de management tournent, ou, quand un procès en légitimité est fait à votre donneur d'ordre.

J'ai eu à me séparer de consultants qui arguant de ma relation avec les patrons ordonnaient aux n-2 de faire des projets car c'est ce que le patron voulait, car, nous nous savons ! Discussions intéressantes !

Un autre défaut du consultant est de vouloir parler uniquement aux « grands chefs » oubliant parfois qui est le client ; « mordre la main » qui vous nourrit n'est pas une bonne idée !

Cela dit, je connais plusieurs entreprises où le patron, souvent parachuté, ou pas initialement le leader naturel, fait passer au crible toute décision venant en discussion au comité de direction par ses consultants attitrés, créant une double hiérarchie, de facto.

2.6) L'écrit et l'oral

Le consultant écrit et présente très fréquemment. Nous sommes principalement un métier accélérateur du changement qui passe le plus souvent par un travail en commun avec le client, et, nécessite de faire des présentations des travaux et de les présenter, ou de les faire présenter par nos clients. Il y a des savoir-faire particuliers pour les deux activités.

2.6)1. L'écrit

Les formations initiales des consultants s'attachent à apprendre les rudiments pour écrire un bon document, et ce n'est pas inné. L'essentiel est d'avoir un bonne « story line », comme un synopsis de film, et, que l'enchaînement des idées et des arguments soit percutant. De plus, chaque « slide » (ou transparent) se doit d'avoir une logique interne : un titre annonçant le contenu, un contenu argumenté avec les bonnes sources, et un kicker de conclusion, ou « so what ? ».

C'est donc un exercice qui nécessite, d'une part, un certain apprentissage, et d'autre part, un contrôle de qualité continu. Le contrôle qualité est d'abord fait par le chef de projet et le partenaire.
Ces présentations, soit dans les périodes commerciales, soit dans les projets, sont des « objets » à produire qui aussi fédèrent la pensée d'une équipe.

Par ailleurs, les écrits restent et les documents circulent. Leur lecture est souvent matière à interprétation par des interlocuteurs qui n'ont pas les commentaires. Les écrits sont donc une matière délicate. Certaines sociétés de conseil ont des éditeurs, qui relisent les textes pour leur logique et un bon usage de la (des) langue(s). Sid Seamens au MAC Group et Gemini Consulting était un maitre en la matière., une valeur ajoutée extraordinaire, parfois douloureux pour l'ego.

Le développement de PowerPoint a permis de sophistiquer les présentations et c'est assez stupéfiant ce qui peut être fait. Au démarrage de ma carrière de consulting, les outils privilégiés du conseil étaient une bonne assistante, les ciseaux et la colle, la fameuse boule IBM pour imprimer des caractères différents, et enfin une photocopieuse digne de ce nom. Tout cela est aujourd'hui pris en charge directement par les consultants et les documents sont numérisés. Néanmoins PowerPoint, aussi extraordinaire qu'il puisse être comme logiciel, ne traite pas du contenu, contrairement à ce que certains croient !

Malgré les avances en matière de dictée, de correcteur d'orthographe, il reste toujours dans un document des fautes grammaticales et des fautes d'orthographe, quel que soit le nombre de personnes qui aient relu le document... un mystère, très énervant.

Les fautes d'orthographe sont toujours l'occasion, spécialement en Europe, pour les clients de tenter de « marquer » des points contre vous, ou de s'en servir comme levier. Cela vous met toujours en position de faiblesse, autant essayer de les éviter.

Le U, le U vous dis-je !

Mon meilleur, si on peut dire, souvenir de faute d'orthographe est le suivant. Le Président d'une grande banque d'affaires européennes nous demande de conduire un audit de son organisation avec un objectif précis en tête. En effet un an auparavant, il avait demandé à l'un des grands noms des cabinets de stratégie d'implémenter une nouvelle organisation facilitant plus de fluidité entre les métiers. Il était très inquiet car il ne voyait pas de résultats tangibles, bien au contraire. Notre confrère avait copié/collé une organisation pour les grands concurrents américains, la banque éclatée, comme c'était la mode. Mais c'est totalement inadapté à la culture de gestion de client et d'interdépendance des métiers dans le bilan de cette banque. Analyse quasiment achevée, je prends rendez-vous avec le Président en tête à tête pour lui délivrer le message et proposer les aménagements possibles, avant de fédérer les membres du comité de direction. Le Président m'avait dit ; « je veux savoir si les principes d'organisation sont bien connus », il avait un gros doute. Donc la première ligne de la présentation était : « l'organisation est bien connue », et s'en suivait toutes les explications détaillées des difficultés rencontrées de mise en œuvre. Cette présentation avait été relue au moins vingt fois, sauf qu'il manquait le U à « connue », ce qui donne « bien conne ». En discutant le papier, je me rends compte de l'erreur en même temps que lui, et cela m'arrête net.

Il me regarde, une pause de 5 secondes, il éclate de rire et dit : « enfin, vous dites ce que vous pensez ! ». S'en est suivie une discussion sans fard, à bâtons rompus et un beau contrat d'adaptation. L'histoire s'est bien terminée car il me connaissait déjà depuis longtemps et parce qu'on avait gagné quelques combats ensemble.

Ecrire une bonne présentation est un art en particulier d'adaptation à la logique de raisonnement du public. Néanmoins, un moyen efficace de le faire est de prévoir une page d'introduction qui résume la logique et les principaux messages. Cela permet de transmettre dès le départ vos convictions et les points de discussions.

Moi, Jamais !

Parfois cela marche trop bien. On réalisait un travail stratégique pour une grande banque européenne sur son expansion internationale. La banque voulait investir plusieurs dizaines de milliards sur 5 ans. Donc notre logique avec le DG de l'international était d'envisager les options et de recommander ce qui correspondait à leurs savoir-faire : une double stratégie d'acquisition de réseaux bancaires et de développement de services financement spécialisés (gestion d'actifs, crédit consommation, leasing notamment). L'analyse d'une expansion dans le grand Corporate et les marchés de capitaux étaient passée en revue, également. Le plan financier comparait les options et montraient, avec force analyses comparatives, la puissance d'une stratégie plutôt Retail que Capital Market par la stabilité de la rentabilité et la capacité à récupérer les survaleurs, tout en se basant sur les savoir-faire clés de l'entreprise.

Le tout se terminait par un plan d'action ch
l'international et nous allons présenter ces trav
exécutif. Avant de faire cela, les validation:
parties prenantes, les financiers, la direction
patrons des métiers et quelques influenceurs avaient
avec le plus grand soin. Sûrs de nos propositions, le rendez-vous
démarre par la synthèse de la présentation. Le Président ferme
alors son document après la première page et nous demande de
sortir, sauf le DG de l'International. 5 minutes après, celui-ci
ressort livide. Le Président, avec un collaborateur externe, avait
décidé d'acquérir une banque d'affaires de taille européenne.
Bref, notre résumé puissant avait trop bien joué son rôle…. Cette
acquisition fut une catastrophe économique pour la banque,
comme prévu !

2.6)2.   L'oral

Que ce soit dans une phase de vente ou lors d'un projet, l'oral est un exercice différent de l'écrit, et dépend de l'objectif et de l'audience. Si l'objectif est de présenter une proposition à un public d'utilisateurs et des Achats, il faut s'adresser à chacun, présenter l'équipe
et être réactif sur les questions. Normalement, préparer une présentation différente est utile, car il s'agit d'argumenter en votre faveur en supposant que l'audience a lu ce que vous leur avez envoyé au préalable. Il y a 36 000 manières de l'organiser, de la manière la plus formelle à la manière plus ludique faisant participer l'audience.

Lors d'un projet, c'est principalement l'équipe qui est mise en avant, car elle maitrise tous les détails, néanmoins sans la mettre en position de risque. Ce que l'équipe doit comprendre aussi est qu'un slide peut être un support d'analyse profond, argumenté, validé, puissant mais pas un bon support de présentation. Quand un slide est projeté, il est très « dense », le réflexe de l'audience est de lire le slide, alors elle ne vous écoute plus.

onc l'oral est un art qui s'apprend et se développe au cours du temps. Certains professeurs ont des cotés saltimbanques parfois forts enviables. Les consultants prennent toujours du temps à maîtriser les codes fondamentaux, et, vaincre leur timidité, à part de rares exceptions. Cela fait partie de l'apprentissage. Il m'est arrivé d'utiliser des professeurs de théâtre et de diction, toujours avec succès.

Les consultants passent beaucoup de temps à écrire des slides, transparents, bien conçus, documentés, avec les bonnes logiques, et des sources crédibles.

Ce sont généralement des écrits de grande qualité. Il est difficile de faire comprendre que les projeter tels quels lors d'une présentation orale est une hérésie. En effet, un public normalement constitué va tenter de lire la slide pendant que vous la présentez, du coup il ne vous écoute plus, ou à moitié. Pour ne pas perdre son audience, il faut simplifier et cadencer les slides.

Il est impératif de simplifier les messages, de les affuter et de les répéter suffisamment pour que l'auditoire les assimile. Je dis parfois qu'il faut être conscient qu'une audience de plus de 7 personnes a un âge moyen intellectuel de 15 ans, et une personne de plus diminue l'âge moyen par deux. Vous vous adressez donc à des auditoires dont l'âge moyen est de 5 ans… soyez sûr d'adapter les messages.

Surtout, ne faites jamais une présentation sans l'avoir faite pour vous, et encore mieux devant un auditoire, à voix haute. Cela permet, outre de calibrer le timing, d'être sûr que les messages et leurs enchainements sont clairs et intelligibles. Soignez les pauses, pour que l'auditoire ait le temps d'assimiler les concepts, les chiffres et les recommandations.

Cela parait puéril ? Également éviter les pertes de logique par des digressions trop longues, soyez clair en démarrant en annonçant la règle du jeu : tout le monde peut poser des questions de compréhension pendant l'exposé, et les questions de fond seront traitées à la fin, en les notant soigneusement si elles interviennent pendant l'exposé initial. Un autre exercice utile est de préparer les questions possibles et d'avoir prêt les supports complémentaires pour répondre à ces questions.

Par définition, ces questions sont importantes ; si elles ne viennent pas dans le débat, présentez-les quand même. Cela montre que vous vous êtes mis dans les « chaussures » de l'auditoire.

Distribuer la présentation détaillée avant l'exposé est souvent une demande normale, faites-le, mais assurez-vous que les participants ne la lisent pas pendant votre exposé, sinon vous les avez perdus intellectuellement.
Ce sont des règles simples, et assez facilement applicables, et que tout auditoire comprend, normalement. Une autre raison pour bien maitriser la dynamique de ces présentations, est aussi d'éviter que les opposants sabotent la réunion en lançant le débat trop tôt. Le nec plus ultra, mais c'est une question de temps et d'accessibilité, est de pré-présenter votre exposé aux participants en tête à tête avant la présentation elle-même. Cela a un double avantage : comprendre leur adhésion aux conclusions et préparer les questions à venir. Comme je l'ai souligné, une dynamique individuelle de réunion n'a rien à voir avec une dynamique de groupe, surtout si les sujets sont source potentielle de conflit entre les membres de l'auditoire, par exemple lors de restructuration ou des choix d'investissements.

A la fin, émotionnellement, il y a toujours des vainqueurs et des perdants. Il ne faut pas non plus avoir peur de mettre en exergue les conflits potentiels, certes, cela dépend des cultures et des entreprises. Il vaut mieux les faire apparaitre que les » glisser sous le tapis ». Pour une mise en œuvre efficace, il est mieux de les traiter dès le départ. J'ai mis du temps à être à l'aise lors de conflits en réunion entre clients, c'est finalement sain, et utile, d'autant plus que vous l'avez anticipé.

2.6)3. Zoom, zoom, zoom

La crise du Coronavirus et le travail à distance conduisent à utiliser les modes de présentation différents en particulier sur des outils de visio-conférence, comme zoom, team de Microsoft, Google Hang-outs, etc.

Il me semble que des règles nouvelles pour avoir un bon impact doivent émerger. Mon observation de ce qui marche bien :
1)   Faire parvenir aux participants un agenda minuté (une partie exposée et une partie discussion) et une présentation simplifiée avec des messages simples et percutants par page. La présentation détaillée sera envoyée après la Visio, éventuellement avec l'enregistrement. Comme pour une présentation orale et encore plus à distance, vous ne contrôlez pas ce que les participants font réellement pendant qu'ils sont sensés vous écouter, donc réduisez les possibilités de distraction.
2)   Utilisez la fonction chat pendant l'exposé afin de stimuler les questions et structurer la partie discussion. Autant en présentiel, vous pouvez percevoir la réaction de l'audience, si le public est réactif en chat alors cela donne une bonne indication.
3)   Soyez vigilant de donner la parole aux participants qui ont posé des questions en chat
4)   Faites parvenir un résumé de la discussion avec la présentation détaillée pour favoriser la continuité du dialogue
5)   Soignez son fond d'écran neutre pour éviter les commentaires ou le manque d'attention

2.6)4. L'art d'écrire une proposition

Dans le jargon des consultants, une proposition, une « propale », est la manière de définir votre compréhension du problème posé et de le résoudre.
C'est un exercice qui doit combiner la crédibilité de vos savoir-faire à l'adaptation à la situation du client. Il y a des « figures imposées ». Le sommaire typique d'une proposition comprend les têtes de chapitres suivants : compréhension de la question posée ; vos objectifs ; contextualisation de la question ; objectifs d'une collaboration ; méthode proposée ; résultats attendus ; calendrier d'exécution, équipe proposée et enfin budget. De plus, certaines directions des achats imposent des soumissions de documents administratifs et d'activité souvent très détaillées.
Elaborer une proposition est un exercice excitant intellectuellement car il doit combiner les démonstrations de votre savoir-faire, adapter la méthode au contexte du client, et être clair sur les résultats attendus pour un charge de travail (de votre part et de celle du client) justifiée. C'est aussi un exercice déstabilisant, car in fine seul le client sait, ou pense savoir, ce qui lui convient.

The Wequasett Inn experience

Au MAC group, l'université d'été se tenait toujours à la Wequasett Inn dans le Massachussetts, dans la presqu'île de Cape Cod, un endroit paradisiaque. Une séquence de formation était focalisée sur la rédaction de proposition. Celle-ci était organisée autour de clients. Des clients amis (3/4) venaient exposer leurs problématiques, et pour chaque client, 3 ou 4 équipes de consultants se retiraient pour une après-midi afin d'élaborer leurs propositions, du moins des esquisses. Le soir, les équipes présentaient au client, et celui-ci choisissait une équipe, et expliquait pourquoi.

Outre que cela permettait souvent de gagner des projets, la confrontation de 3 ou 4 propositions en même temps, avec le même brief initial, permet de sentir les différents angles d'attaque et les moyens de convaincre un client. Cela explique aussi, du moins en matière de conseil en stratégie et en management, pourquoi il est parfois si difficile à un client de choisir un consultant. Tous répondent au brief, mais si différemment. Même au sein d'une même entreprise, la variété était grande, alors avec des entreprises différentes, cela est encore plus marqué. C'est aussi pourquoi, la qualité de la relation et la confiance/loyauté du client vis-à-vis de son consultant restent un critère fort (et rarement, ou jamais, dans les grilles d'analyse des Achats)

Les différents chapitres d'une proposition ont des objectifs et des contenus bien spécifiques.

<u>Compréhension de la question posée :</u>

Il s'agit là de reformuler la question posée par le client pas de la modifier. C'est l'occasion lors des premiers échanges de comprendre quels sont les objectifs externes ou internes et les tenants et aboutissants (autant que faire se peut) des enjeux internes. Parfois la question est « baroque » : quel est l'avenir du courtage d'assurance ? Vous savez que le DG qui vous pose la question est chahuté par ses actionnaires et que les résultats sont en chute libre. La vraie question est : comment je fais un redressement ? Pourquoi ne pose-t-il pas la question comme ça ? Y a-t-il des arrière-pensées sur la réponse (comme le marché par distribution directe pour les particuliers est en train de disparaitre et les actionnaires ne m'ont pas donné les moyens de prendre le virage numérique), est-ce une justification de ses positions sur le papier ou un travail pour et avec son conseil ?

Ce travail de questionnement aide le client à préciser sa demande, et au consultant de comprendre comment mener la mission. Ce n'est pas la même chose de faire un papier sur l'état du marché des paiements et de faire un plan stratégique sur le sujet où les différentes parties prenantes sont engagées sur le résultat à moyen terme.

Objectifs :

Normalement il s'agit d'une page pour décrire ce qui va être fait et quels sont les résultats attendus.
Les résultats attendus peuvent être d'une grande variété : un état du marché de l'assurance dommages et accidents aux motos pour le segment des 50+ ans, un plan d'action stratégique quantifié et cadencé, un plan de réduction de 100 millions d'euros des coûts, un plan d'adaptation des offres numériques aux partenaires courtiers dans le risque industriel, un plan de simplification de la gestion des contraintes règlementaires pour le risque de contrepartie, un plan de mobilisation des commerçants sur le lancement des campagnes d'épargne, un outil de simulation financier pour les plans stratégiques de la banque permettant de faire les choix d'allocation de capital, etc. Pour bien calculer le budget, il est nécessaire de comprendre quel sera le niveau d'interaction avec le client, combien de fois et avec quel niveau dans l'entreprises ? Faire un travail « en chambre » ou à la vue de tous et mobilisateur pour que chacun prenne ses responsabilités n'est pas le même projet.
Donc bien définir ce que vous allez délivrer est critique pour que les attentes soient claires, des deux côtés.

Contextualisation de la question :
Cette partie peut être de taille variable. L'objet est de mettre en perspective la question dans son contexte stratégique ou opérationnel.

Pour garder le courtage d'assurance comme exemple, cette partie va décrire les tendances du marché, les stratégies ces derniers années des acteurs, assureurs, investisseurs et concurrents, offrir un éclairage sur des initiatives originales dans d'autres pays, caractériser les différents types de modèles d'affaires existant et possibles. Ensuite, il faut mettre en exergue comment l'entreprise cliente est positionnée dans son marché, aborder comment les réglementations actuelles et à venir vont modifier les modèles économiques, suggérer quelques-uns des points à regarder plus dans le détail, esquisser à grande maille des premières options envisageables, construire un premier exemple de cas financier.

Pour un travail plus dédié au fonctionnement interne, comme une réduction de coûts, des éclairages sur des benchmarks de productivité du secteur, sur les enjeux transverses des processus de gestion, des outils techniques disponibles, les exemples provenant d'expériences antérieures seront plus la focalisation.

Cette partie de Contexte est l'occasion de montrer que vous comprenez les enjeux et les solutions à apporter à votre client. L'expertise sectorielle est bien évidemment primordiale. Il y un équilibre à garder entre une démonstration de votre crédibilité et donner l'impression de savoir déjà quelle est la bonne solution, et de vouloir, de manière un rien arrogante, l'imposer déjà à son client. De toute façon, chaque entreprise étant différente, il n'y a pas de solution toute faite, préexistantes, ce qui ne veut pas dire que vous ne pouvez pas exposer des pistes de réflexion.

Il peut arriver que cette partie contexte mobilise des équipes significatives, 3 ou 4 personnes sur un ou deux mois. C'est un investissement jamais perdu, car vous pouvez l'exposer à d'autres clients du secteur, rédiger des articles, faire des exposés.

Méthode proposée

Cette partie détaille les phases du projet, leurs résultats et l'enchaînement permettant de résoudre le problème posé. Elle doit montrer ce que vous allez faire, avec qui, avec quelles méthodes, quelles ressources, quelle mobilisation, workshops, présentations, etc., et expliciter les résultats attendus étapes par étapes. Non seulement cela permet de calibrer les efforts nécessaires pour le consultant mais aussi pour le client.

Résultats attendus :

Il s'agit d'une récapitulation des résultats par phases et des résultats globaux, Cela peut être aussi l'occasion d'une réflexion sur les risques du projet et les remédiations possibles à ces risques, comme l'accès insuffisant aux données du client, ou à des délais dans les contacts avec des personnes clés, etc.
 Calendrier d'exécution
Un planning avec les comités de pilotage et leurs contenus est proposé dans cette partie.
 Equipe proposée
Le client veut savoir qui va réaliser le projet pour lui, avec quel engagement de temps, combien de personnes avec quels profils, qui est responsable de quoi. En général, j'aime bien présenter les ressources pour un projet dans un mixte entre des membres du client et du consultant.
Cette étape est cruciale pour la crédibilité, l'expérience, mais aussi l'engagement. Offrir la bonne équipe est toujours un défi dans une entreprise de conseil, les bonnes ressources étant souvent déjà mobilisées sur d'autres projets. A vous de calibrer le risque à prendre avec des équipes pas toujours 100% adéquates, beaucoup repose sur la crédibilité du partenaire à convaincre le client. Il m'est arrivé, pas souvent, de refuser, de faire un projet faute de bonnes ressources… un déchirement, mais c'est plus sage que de mettre votre réputation en jeu.

Le plan de charge par niveaux de consultant et de délai définit une charge globale.

Et enfin <u>budget</u>

En règle générale, je mets le budget à part dans un courrier séparé. Il est normalement juste la conséquence d'un plan de travail adapté à un mode de résolution à propos du problème posé. Si, dans la présentation de la proposition, des aménagements sont suggérés, cela peut changer le budget. Il vaut mieux être flexible.

Comprendre aussi les contraintes budgétaires du client, ses niveaux d'autorisation sont des éléments importants pour calibrer la méthode. Si vous pensez 100 et que le client a 10 à dépenser, l'un des deux a tort, et c'est toujours le consultant, avec certaines nuances. Si le client est ouvert, le dialogue entre résultats attendus, méthode et budget peut avoir lieu, rarement le cas quand les achats sont présents.

Réaliser une bonne proposition est un travail long et qui nécessite un mélange de compétences et de ressources : des compétences sectorielles pour le contexte et les enjeux, des compétences méthodologiques pour adapter au plus près du problème les manières de travailler, des compétences de gestion de projet pour bien cadencer les travaux de manière réaliste et convaincante, des compétences humaines pour disposer d'une équipe forte et avec des capacités d'apprentissage pour les consultants, des compétences financières pour trouver le bon équilibre entre chiffre d'affaires, marge et risques. Réaliser une proposition est un exercice excitant et très valorisant pour l'équipe, qui travaille presque toujours sous contrainte de délai de date de soumission. La présenter au client est un autre exercice qui souvent nécessite une présentation différente de celle envoyée car le temps imparti est souvent contraint.

Construire une proposition est un savoir-faire, non inné, qui s'apprend dans le temps. C'est un des facteurs clés de différenciation du métier. Certains consultants sont très doués pour cet exercice, et moins pertinents sur des projets, et inversement.

Obtenir un accord d'un client est un moment toujours « jouissif ». C'est un des meilleurs moments d'une vie de consultant, mais aussi le plus difficile : il va falloir le faire maintenant en respectant nos engagements !

Perdre une proposition est un moment douloureux pour l'ego : le client ne vous aime pas ! On perd parce que le client connait mieux un autre consultant, notre exposé du contexte n'est pas assez convaincant ou pas dans les idées du client, ou l'équipe est perçue comme faible, rarement pour des problèmes budgétaires. Il y a toujours des moyens de trouver une solution sur les problèmes de budget, soit en réduisant la charge, en supprimant des activités, etc. La co-élaboration d'une proposition avec un client est toujours la meilleure solution, pas toujours possible, surtout dans les AO.

2.7) La beauté et la frustration du métier

La frustration et la beauté du métier sont liées à la même notion : faire réussir son client et son entreprise. Dans ma carrière, j'ai été des deux côtés, consultant et patron. La frustration est la même : les décisions doivent engendrer des résultats tangibles, et, vous consolider dans votre job.

La frustration du consultant tient à ce constat : nous ne sommes pas hiérarchiques. Si le client ne met pas en œuvre les recommandations (qui est une mesure de la réussite d'un projet), c'est soit parce qu'il ne nous a pas tout révélé sur sa capacité, sa légitimité à implémenter des décisions, ou, s'est trompé lui-même. Faut-il exclure a priori la possibilité que nous ayons été mauvais, pas pertinents ?

Pour nous, il arrive que nous n'ayons pas compris toutes les influences et anticipé les résistances, et, de ce fait, construit des plans insuffisamment attentifs à ces aspects, même si corrects en toute rigueur.

L'expression que nous avons évoquée précédemment : « on a tort d'avoir raison trop tôt » s'applique aussi au contexte pour prendre une décision, il faut parfois un contexte particulier pour prendre des décisions structurantes. Des évènements internes, comme un actionnaire activiste, la démission d'un dirigeant, ou externes comme une crise financière peuvent créer les contextes favorables au changement.

A de nombreuses occasions, mes projets de conseil ont concerné des situations de redressement, et de fortes détresses des entreprises. La beauté du métier est palpable quand vous avez contribué à restructurer et construire pour le futur en même temps et que les résultats sont mesurables. C'est encore plus satisfaisant si l'équipe de management mise en place perdure.

De l'importance d'être constant

J'ai eu un client pendant 25 ans qui était un « guerrier », un homme de concepts et d'actions, un grand professionnel de la banque et de l'assurance, de la communication, et, au fond de lui, un sceptique permanent, très exigeant voire intransigeant. Il lui fallait aussi toujours des résultats rapides, mais conceptuellement justes, un de mes clients préférés. Je l'avais rencontré par hasard à l'occasion d'une conférence sur la valeur ajoutée de la distribution dans les agences bancaires, concept qu'il avait mis en œuvre avec un autre consultant... jusqu'à ce qu'il appelle pour en parler ! On ne s'est pas quitté pendant 25 ans.

Un jour, il m'appelle en me demandant de venir le voir d'urgence. Je savais qu'il cherchait un partenaire pour l'une de ses activités. Les premières minutes de cet entretien :

- Qu'est-ce que tu penses de l'entreprise E ?
- Si c'est pour faire un partenariat, je ferais attention : le président et le DG sont en bagarre permanente, le DG et son comité de direction sont en conflit, le Président pense qu'ils sont une multinationale, là où ils sont une entreprise, certes significative, au mieux avec des parts de marché multirégionales ; la corruption des équipes est avérée ; leurs partenaires distributeurs sont plus loyaux à leurs concurrents qu'à eux ; leur informatique est antédiluvienne ; leur bilan est truffé de chausses trappes (good will injustifiés, provisions insuffisantes, etc.), bref, je serais toi je m'en tiendrais prudemment éloigné
- Tu penses quoi de leur gamme de produits ?
- Je ne sais pas trop, mais je crois qu'ils en ont plus de 600, une entreprise de cette taille en a besoin de 40 environ pour ce niveau de chiffre d'affaires, je crois que c'est dû aux baronnies qui ne se parlent pas, et, aux patrons qui ne s'y intéressent pas, en revanche il y a de vrais pointures/compétences dans les métiers...

Il me regarde l'air sévère sans rien dire pendant 20 secondes (c'est long, en plus j'ai du mal à me taire, mais j'attendais qu'il m'en dise plus, j'avais dressé un tableau très sombre), lui :
- J'en deviens le DG le mois prochain !

J'ai eu alors 10 secondes où la terre s'ouvrait devant moi, jusqu'à ce qu'il éclate de rire :
- C'est même pire que ce que tu penses, on en prend le contrôle demain, je suis nommé dans un mois, et tu vas m'aider à redresser cette affaire !

Trois ans après, à l'occasion d'une rencontre de fin d'année, (il aime les marrons glacés), et de nombreux projets, drames, joies, détours, bagarres, le même client, toujours joueur, me dit, l'air tout aussi sévère « j'ai repris vos premières conclusions et recommandations d'il y a trois ans..., moi : oui et alors ? 10 secondes de blanc : « pas une ligne à retirer ! bravo cela a été très précieux, maintenant parlons de l'acquisition que je veux faire ! »

Outre que ce sont des moments dont on se souvient, l'enseignement pour moi est que la franchise, la connaissance du terrain et la rigueur dans les projets paient toujours, du moins généralement, avec des clients honnêtes intellectuellement. Malheureusement ce n'est pas toujours vrai.

Qui vole un œuf, vole un bœuf

Un exemple : nous menons un projet, pour une grande société financière américaine à New York dont l'objet est de prévenir l'obsolescence technique d'un ensemble de logiciel calculant les valeurs liquidatives de certains produits. L'usage est quotidien et sert aux investisseurs, notamment institutionnels, pour faire leurs reporting à leurs propres investisseurs.
Ce produit est une source importante de revenus pour notre client. Le client avait bien précisé qu'il ne voulait qu'un renouvellement technique et pas fonctionnel, faire à l'identique était le mot d'ordre (ce qui est techniquement et fonctionnellement impossible dans la plupart des cas). Un soir, le chef de projet, un mathématicien de formation, vient me voir visiblement chiffonné. Il m'annonce qu'il est maintenant sûr que l'algorithme sur lequel leurs calculs sont basés est faux. Il a vérifié avec 3 professeurs de maths. En effet, en reprogrammant à l'identique, forcément vous réfléchissez aux sous-jacents. L'impact de ces erreurs est significatif et pourrait avoir des effets désastreux sur les cours de bourse. On élabore alors une solution « exacte » et une solution intermédiaire qui permet de lisser dans le temps l'impact de la correction, sauvant la face de notre client, ne portant pas de rupture dans les marchés, et, aussi, nous évite de reprogrammer quelque chose de faux. Evidemment, c'est notre devoir de conseil mais aussi une protection juridique si quelqu'un découvre que nous avons programmé quelque algorithme inexact en le sachant pertinemment.

Donc, on monte le dossier, je prends ma canne et mon chapeau et je vais voir le client donneur d'ordre avec son directeur informatique, pour discuter de notre difficulté et des aménagements suggérés. Il fallait son aval car cela avait un impact sur le délai et sur le budget. Ce fut un grand moment, si on peut dire : le grand patron écoute, puis après 30 secondes de silence dit : « merci pour ces informations mais cela ne peut pas être vrai ! Donc vous êtes de mauvais professionnels, je vous prie de quitter les lieux et vos équipes immédiatement. J'appelle la sécurité pour que cela soit fait. Par ailleurs, monsieur le directeur informatique, il en va de même pour vous : dehors ! ». On s'est tous retrouvé sur le trottoir assez pantois... Je vous passe les péripéties, entre autres sur le chantage à la réputation, les communiqués de presse de leur part pour descendre notre cours de bourse, nous avons fini par être payé et dédommagé juste avant d'aller au tribunal. Ils avaient finalement compris que nous avions raison, et, pris peur, car de nombreux cadres avaient déjà mis en exergue ces « inexactitudes ».

Il y a aussi des clients honnêtes et d'autres malhonnêtes sur tous les plans quelques-uns forcent le respect, d'autres inspirent le dégoût !

2.8) Gérer les « périodes » internes des clients et du consultant

Pour les physiciens, la période est la durée durant laquelle un cycle s'effectue. La période de rotation de la Terre est d'un an, par exemple.

Les entreprises et les secteurs ont des périodes (appliquées au rythme de changement) qui leur sont propres. Mon observation est qu'il y a des caractéristiques inhérentes aux métiers qui induisent un type de rythme.

Par exemple, le succès d'une nouvelle politique de crédit aux particuliers sera bien évalué après 18 mois, la pertinence d'une nouvelle politique de souscription de risques de particuliers en assurance sera connue après 5 ans. Cela a des implications implicites dans les rythmes de changement. La question : « on est allé vite ! » signifie que dans la banque le changement a pris 18 mois, ou 5 ans dans l'assurance, 2 minutes pour les marchés de capitaux, 3 mois dans le courtage d'assurance, 18 mois dans l'IT, et 3 mois dans le consulting. Ces rythmes internes sont très structurants dans les modes de décisions. Beaucoup d'entreprises, notamment dans les services financiers, ont des activités embarquées au long cours, comme des portefeuilles crédit avec des maturités longues (10 ans ou plus), ou les assureurs avec des contrats au long cours.

Il est urgent d'attendre

Par exemple, dans la banque de réseaux pour les Particuliers et les PME, il m'est arrivé d'entendre : « Vous avez raison, il faut que l'on change, cela va prendre du temps.
Aujourd'hui je sais quel sera mon résultat net dans trois ans, donc il n'y a pas d'urgence » ; les plus mal élevés d'entre nous diraient que ce n'est pas le bon moment, pas l'état d'esprit de tout le monde.
L'inertie induite par les modèles économiques des entreprises impacte un rythme de changement propre à chaque entreprise et à chaque secteur d'activité. Parfois, le rythme peut être accéléré lorsqu'un patron impulse un changement, mais c'est plus difficile qu'il n'y paraît.

2.9) L'équation du changement

Les sociologues des organisations se sont penchés sur ce sujet, souvent en analysant la culture d'une entreprise. J'ai eu l'occasion de travailler avec eux fréquemment, en particulier dans le contexte de ce que j'appelle : l'équation du changement. Il y en a plusieurs versions dans le marché, j'utilise celle-là depuis de nombreuses années, et c'est un cadre de réflexion efficace.

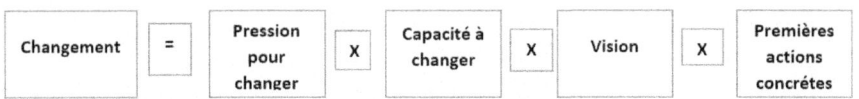

Cette équation dit que le changement n'est vraiment obtenu que par la combinaison des quatre éléments. L'ordre n'a pas d'importance, ce qui est primordial c'est qu'ils soient là tous ensemble.

<u>Pression pour changer</u>

L'Homme, un animal pensant, a horreur du changement. C'est un fait, se mettre en mouvement nécessite un effort, des ruptures, etc.

Debout les braves !

Pour vous en convaincre, faites un exercice simple. Il est efficace que le groupe soit de 20, de 400 ou de 4000 personnes, toutes des expériences que j'ai réalisées. Posez à l'audience 3 questions simples, une fois que vous leur avez demandé de se lever de leurs sièges :
- *Que ceux qui fument se rassoient,*
- *Que ceux qui ne font pas au moins 5 minutes d'exercice par jour se rassoient,*
- *Que ceux qui ne bouclent pas leur ceinture de sécurité en voiture pour faire 300 mètres se rassoient.*

Je vous garantis que moins de 10% de l'audience restent debout après ces trois questions. Conclusion : à trois questions basiques, de sa propre responsabilité, aux conséquences évidentes pour sa propre santé/sécurité, 90% ne s'appliquent pas les règles élémentaires, alors si c'est un effort collectif, c'est encore plus compliqué.

Donc pour faire changer des collaborateurs vous avez besoin d'un motif puissant : la survie de l'entreprise et la sauvegarde de son job sont souvent de bons motifs.

<u>Capacité à changer</u>

Il y a deux éléments majeurs : la capacité technique à changer et la capacité intellectuelle.
La capacité technique est liée aux savoir-faire par exemple a-t-on les bons programmeurs, la connaissance des nouveaux modes de distribution, etc. Si vous rêvez que tout le monde pourra courir le 100 mètres en moins de 10 secondes, vous aurez des soucis...
La capacité intellectuelle n'est pas liée au QI, mais à la préparation au changement. Quelle est la réactivité d'une entreprise établie depuis longtemps dans une même zone géographique, au recrutement local (souvent avec des liens familiaux entre collaborateurs), n'ayant expérimenté qu'une croissance organique, probablement une ancienneté moyenne de l'ordre de 20 ans, les collaborateurs n'ont connu qu'un employeur, qu'un grand chef (le fondateur). Une start-up technologique, de 5 ans, résultat de plusieurs fusions, aura une appétence au changement différente. Des outils existent pour mesurer cela, en segmentant par les types de métiers.

Comment aborder l'objection : « on a toujours fait comme ça et c'est la base de notre succès ! ». Dans le monde digital d'aujourd'hui, cela peut être un gros frein.

Vision

« Il n'est pas de vent favorable pour celui qui ne sait pas où il va » Sénèque.

La vision n'est pas un exercice vain ; il consiste à mettre noir sur blanc ce que vous essayez de faire clairement, tant vis-à-vis du marché, des clients, des collaborateurs et des actionnaires. Les Américains sont férus de ces « mission statements » : « a world class organisation ! ».

Ces « actes de foi » sont difficiles à établir pour qu'ils soient pertinents, et motivants. En effet souvent, ils peuvent se résumer à des truismes : « le meilleur service client pour le bon prix, des collaborateurs heureux et rémunérés selon leur mérite, des actionnaires recevant une juste rémunération de leur capital et du risque ». C'est utile, mais insuffisant. Pour aller plus loin, il faut expliciter les différents éléments, et par analogie de droit constitutionnel, à différents niveaux : la constitution, les lois et les décrets. La vision c'est la constitution : « notre métier est de couvrir les risques des particuliers » ; la loi : « nous offrons tous les produits de couverture de toute la famille en trois gammes » ; les décrets : « la politique de souscription et d'indemnisation est... ».

La vision c'est la première partie, mais sans les deux autres, n'est qu'une pétition de principes à laquelle tout le monde peut adhérer sans comprendre les implications et leurs limites. Néanmoins cela fournit une ligne guide générale fort utile quand la loi n'est pas écrite, et c'est souvent le cas.

Premières actions concrètes

Pour qu'un changement soit opérant, il est nécessaire que chacun des collaborateurs, à son niveau, comprenne ce que cela change pour lui, et pas de manière intellectuelle, dans ses process et ses tâches quotidiennes, sinon c'est de la théorie. Par exemple, si une activité multi-canal est partie des lois d'application d'un article de la constitution qui dit que « l'entreprise fournit le meilleur produit service au client, où qu'il soit », il est nécessaire que le « décret » relatif aux rémunérations des vendeurs, leurs commissions, prenne en compte la diversité des canaux de distribution. Il est à noter que les changements des systèmes de rémunération sont, un bon levier de changement, mais pas le seul.

Cela peut être des actes simples de mobilisation et de communication, comme des « town hall meetings » d'échanges et de discussion, le temps que toute la déclinaison soit réalisée.
Evidemment, ces définitions et exemples peuvent être approfondis et font souvent l'objet de corpus de recherche académique assez fournie. Il n'est pas notre propos, mais permet d'illustrer son utilisation au service de l'amélioration des performances de l'entreprise.

Imaginez qu'il manque un des éléments :
  - Sans Vision : un grand départ qui mène nulle part
  - Sans pression pour changer : un départ en trombe puis à quoi bon ?
  - Sans capacité à changer : « je veux bien, mais je ne peux pas, c'est impossible »
  - Sans premières actions concrètes : un mouvement brownien

Donc, ce sont ces quatre éléments gérés ensemble qui assurent la réalisation du changement.

2.10) La gestion des femmes et des hommes

Le conseil est un métier de service basé principalement sur ses ressources humaines (RH), ses hommes et ses femmes. Principalement, car les investissements dans la recherche et le développement de méthode deviennent des facteurs clés de succès, au-delà du re-packaging intelligent de l'innovation faite sur les projets avec des clients.

Dans les structures de conseil en stratégie et en management, l'attention portée au RH est extensive. Souvent, les DRH se focalisent sur la partie gestion de personnel (paye, congés, avantages, etc.). Le rôle du management et des partenaires est de piloter les ressources humaines. Cela varie en fonction des types de conseil, car les profils de compétences sont différents, l'évaluation d'un « stratège » n'est pas la même que celle d'un programmeur.

2.10)1. L'évaluation au cœur du système

La base des RH est l'évaluation des performances sur un projet. A partir de plusieurs évaluations sur projet, une évaluation globale est normalement faite. Ensuite, les partenaires se réunissent pour partager ces évaluations, et décider des promotions. L'exercice collectif se fait couramment avant les vacances d'été et en Décembre/Janvier, avec les augmentations de salaires et les bonus.

Les difficultés de l'exercice sont nombreuses, notamment l'objectivité et la comparabilité.

Si vous souhaitez que le système soit honnête et homogène, et non pas une série de décision prise par les chefs, les partenaires, qui décident pour leurs troupes uniquement. En effet, il arrive que ceux-ci s'intéressent peu ou pas aux autres coteries (pratique courante). Alors quelques mécanismes de base sont à mettre en place.

Un système où les partenaires, aux plus fortes ventes, ou à la plus forte personnalité, imposent leurs choix existe très souvent, mais les consultants comprennent vite que ce système est inique. Soit, ils s'en vont, soit ils jouent du système de favoritisme.

Si vous tenez à disposer d'un système de ressources humaines homogène à travers les différentes activités, il faut avoir une base d'analyse des compétences homogène, des grilles d'évaluation qui soient partagées qui puissent être objectivées à partir des évaluations de projets. Bien sûr ces modèles de compétences sont organisés par niveau hiérarchique des consultants. Traditionnellement, à l'intérieur d'un même niveau, les consultants sont positionnés par rapport à une grille de maturité dans un niveau donné et par rapport à une progression dans le temps. Il y a des trajectoires standard par exemple, un consultant devient senior consultant après 3 ans. Ces évaluations mettent donc facilement en évidence les « fast track » et les « low track ». Ceux-ci font plus l'objet des discussions collectives que ceux qui sont dans la moyenne.

Il n'y a pas de système parfait, et la structure d'évaluation et de partage entre partenaires est un indicateur de la vraie nature du partenariat. Si tout est partagé et discuté, cela suppose que les partenaires parlent ouvertement de leurs projets, et de leurs succès ou difficultés sur les projets. En effet, quel que soit la qualité des grilles de compétences, la nature, les circonstances et la structure de l'équipe sont différents à chaque fois, donc la relativité d'une performance par rapport à une autre est très qualitative, in fine. C'est pour cela que la DRH ne peut pas être seule car ce sont les consultants qui comprennent le mieux les projets et leurs contextes.

2.10)2. Les axes fondamentaux

Les axes d'analyse de la performance des consultants comprennent toujours au moins 4 angles de vue : la gestion de la relation client, la maitrise du contenu, la capacité de gestion de projet et d'équipe, et enfin les contributions internes.

<u>La gestion de la relation client :</u>

Quel que soit le niveau d'un collaborateur, de la standardiste, au super partenaire, tout le monde a un impact sur le client, de l'accueil téléphonique à la relation durable.
Sur les projets, tous les niveaux de consultant ont des interlocuteurs avec qui ils travaillent plus ou moins fréquemment. La relation d'une entreprise de conseil avec ses clients est faite de toutes les interactions par tout le monde. J'ai souvent privilégié, lors de recrutement, une capacité de communication à un « bel esprit sûr de lui ». Par ailleurs, cette contribution recouvre aussi dès le départ la détection de la capacité commerciale, et évolue jusqu'au niveau de partenaire.

<u>La maitrise du contenu :</u>

Après un ou deux ans de conseil, dans plusieurs secteurs, un consultant doit se poser la question de savoir quel contenu (métier ou fonctionnel) il veut creuser, pour s'en faire une forme de spécialité.

Il est courant que les sociétés de conseil soient organisées avec des « centres d'excellence » (practice group, focus groups, business development, etc.) dont l'objectif est le point de référence sur certains sujets, fournissant du support sur l'évolution du sujet, les relations avec les régulateurs, des références de projet menés pour des clients, de nouvelles idées de développement commercial, des collatéraux comme des articles de presse, des brochure, et enfin, des formations pour élever la compétence moyenne. C'est à la fois un exercice de consolidation/prospective et de formation/compétences collectives.

<u>La capacité de gestion de projet et d'équipe :</u>

La vie d'un consultant se passe normalement sur des projets et plus souvent chez le client lui-même. Vivre en équipe projet nécessite quelques qualités simples, comme un bon sens de la communication, respect des autres, vie d'équipe. Cela évolue dans le temps par l'encadrement d'un ou plusieurs autres consultants. Des équipes projet de 2 ou 3 consultants sont relativement simples à gérer, des équipes avec 15 ou 20 consultants requièrent des compétences avérées.

<u>Les contributions internes :</u>

Ce terme recouvre les contributions à l'image de l'entreprise et souvent les apports qui sont au-delà des caractéristiques d'un niveau donné : un/une junior qui donne accès à un nouveau contrat, un/une junior qui travaille intensément pour le Knowledge Management, un/une senior qui écrit souvent des articles dans la presse, des connections vis-à-vis des écoles pour le recrutement, etc.

2.10)3. Accompagner la maturation professionnelle

Ces axes sont normalement détaillés par niveau de consultant (Analyste, consultant, senior consultant, manageur, principal, Partner). Cela permet d'assurer objectivité et comparabilité. Non seulement c'est important pour les consultants eux-mêmes, mais aussi pour les chefs de projet afin de retrouver des qualités types dans un niveau.

C'est un exercice qui nécessite beaucoup de discussion entre le consultant et son « mentor » (dont le rôle est de le piloter, généralement deux niveaux au-dessus de lui), entre les évaluateurs pour classer et recommander des axes de développement, discuter des promotions, et enfin préparer les feed backs et suivre les plans d'actions.
Ce système demande beaucoup d'énergie de la part du management pour être conduit avec rigueur et transparence et produit une valeur inestimable pour le pilotage de la progression des consultants et globalement de la politique RH. A l'inverse, fait en dilettante sans une volonté de partage, c'est une opportunité perdue.

Les compétences « techniques » d'un consultant s'articule autour de trois axes, outre les aspects comportementaux : le contenu (sectoriel ou fonctionnel), la relation et la gestion de projet. Les exercices d'évaluation et d'orientation durant les 5 premières années consistent à valider l'apprentissage minimum et à tester les orientations futures. Le consultant a-t-il le potentiel d'être un partenaire, c'est-à-dire d'être autonome (ce qui ne veut pas dire indépendant) dans la gestion d'un client avec le support adapté, ou deviendra-t-il un spécialiste sectoriel ou de la gestion de projets ?

Au-delà de la technicité et du contenu d'un process d'évaluation et de calibration, ce qui est la réelle valeur ajoutée est le pilotage au plus près des compétences des consultants et de leur maturation dans le temps, par la gestion raisonnée des risques que l'on se doit de leur faire prendre en les mettant en porte à faux par rapport à leurs zones de confort (tant dans le contenu que dans les situations de projet) et ainsi leur faire passer des niveaux de compétences. Faire progresser un consultant dans les axes fondamentaux, plus vite, a une double récompense : un consultant heureux et motivé, et une base de compétences enrichie pour l'entreprise…et c'est un déchirement quand ils décident de quitter l'entreprise.

2.11) Conseils aux utilisateurs de consultants

Un consultant, en stratégie et management, est toujours perçu comme couteux, et, questionné sur sa réelle valeur ajoutée. C'est donc un investissement dont les clients vont devoir, généralement, rendre compte.

Un consultant commence à travailler à partir d'un exposé d'une situation et d'une problématique à résoudre. Il élabore alors une proposition de travail comprenant sa vision des objectifs, du contexte et d'un mode de travail, accompagné d'une proposition d'équipe (interne et externe), et subséquemment d'un budget. Pour en tirer le meilleur parti, deux aspects sont à prendre en compte : l'un rationnel et l'autre qualitatif.

L'aspect **rationnel** est relatif à la perception du client de la compréhension de la problématique, de la qualité et de la profondeur de la méthode proposées, de la quantité de travail à fournir, de la précision sur les résultats attendus et leurs séquencements dans le temps.

Pour arriver à un accord, il faut généralement deux ou trois interactions entre le client et le consultant. Cet aspect nécessite donc du temps, pour que le client soit sûr du résultat et comprenne les conséquences, en matière de mobilisation de ses équipes et de budget. Les clients, il y en a, qui vous appelle en disant : « j'ai le problème suivant, mettez une équipe là-dessus, et revenez me voir dès que vous avez des résultats », prend un risque d'être frustré, tout comme le consultant d'ailleurs. « Vous n'avez pas répondu à la question posée ».

Donc, le client doit consacrer du temps pour bien calibrer avec le consultant ce qu'il veut vraiment comme résultat. Même si le consultant est très expérimenté, et un expert du sujet, il n'a pas deux problématiques totalement similaires, notamment à cause des caractéristiques propres de l'entreprise et du contexte managérial. Ce dialogue est aussi l'occasion d'échanger avec le consultant qui, après la première discussion, doit apporter des éléments qui questionnent et orientent.

Dans le déroulé de la mission, cela est aussi vrai, voire plus, car les consultants produisent des résultats...vite. Il est sain de comprendre et d'orienter régulièrement, et aussi de discuter des risques à venir tant sur le plan interne que sur la gestion du projet.
Les missions de conseil comportent toujours un enjeu interne, apparent ou non. Ainsi, un client doit dans le dialogue avec le consultant, outre juger sa capacité technique (sur le sujet et sur les méthodologies) mais aussi mesurer sa capacité à interagir avec le donneur d'ordre et les équipes internes.

Qualitativement, un client doit se sentir à l'aise avec le partenaire et le chef de projet. En effet, dans leurs travaux, les consultants vont poser des questions approfondies sur les situations de l'entreprise, le pourquoi du comment, le qui, le quand, etc. Il est nécessaire d'être clair sur le niveau d'intimité qu'il faut créer pour traiter des sujets délicats ouvertement avec l'équipe de consultants sans craindre les indiscrétions et les dérapages. Même si c'est un sujet qui parait au client sans enjeu « politique » interne, ce n'est jamais la réalité, encore plus quand il s'agit de réduction de coûts, de restructuration, de remise en cause stratégique.

Ainsi la recommandation est de créer une intimité professionnelle (basée sur les compétences techniques) mais aussi personnelle pour être à l'aise quand les situations difficiles ou délicates vont se présenter.

Chapitre 3 : D'Analyste à Partner : un parcours de professionnalisation

Le conseil est un métier à part entière.

Il ne s'apprend dans aucune université ou école. C'est par le travail sur les projets et par un encadrement efficace que les règles et les savoir-faire du métier s'apprennent. De l'extérieur de la profession, il semble que cela ne soit pas apparent.

Il n'est pas inhabituel qu'un ancien client qui vient de quitter son poste dise : « Je vais devenir consultant, qu'en penses-tu ? ». Ma réponse habituelle est : « réfléchis bien, c'est un métier qui a ses règles, ce n'est pas parce que tu as un carnet d'adresses que tes contacts vont te donner des projets à mener. Tu es un ancien concurrent ou patron. Le mode d'interaction du conseil est celui d'une société de service pas un mode hiérarchique, néanmoins, pour te donner une idée plus précise, on est en train de travailler sur une proposition à X, veux-tu te joindre à l'équipe ? ». J'ai souvent embauché des professionnels du secteur financier, plutôt des jeunes avec 3 à 5 ans d'expérience dans la banque. Les professionnels de la banque ou de l'assurance avec un parcours de 20 à 25 ans deviennent rarement de bons consultants sauf avec un expertise technique pointue et d'actualité, actuariat, risques, règlementation. Il y a donc des exceptions. Et ce n'est pas toujours compatible avec les exigences de leur aspiration à être des partenaires.

L'objectif de ce chapitre est de décrire pour un jeune diplômé comment son parcours professionnel va évoluer dans le temps, dans le conseil, et, quels sont les critères déclenchant de changement de niveau. Enfin, une indication des niveaux et modes de rémunération sera évoquée.

La profession (ici je parle principalement du conseil en stratégie et en management) reconnait habituellement les grades suivants : analyste, consultant, senior consultant, Manager, Senior Manager (aussi appelé Principal, ou Senior Engagement Manager), Partner et Senior Partner.

Au-delà des détails qui vont suivre, l'obsession quotidienne du consultant, quel que soit son grade, est le taux d'utilisation. Le taux d'utilisation, ou le nombre de jour de facturation réel, est une mesure de l'employabilité et de l'attraction qu'un consultant a pour les chefs de projet. Travailler sur des projets facturables est la clé du succès, a contrario, sauf exception, être l'expert qui travaille que sur des projets internes ou sur des propositions n'est pas une le garant ni d'une promotion ni d'un développement personnel harmonieux. Les bons consultants contribuent souvent aux propositions en parallèle de facturer sur des projets. Un bon taux d'utilisation nécessite une démarche proactive des consultants, par une anticipation des baisses de charge à venir, mais aussi par l'identification, ou la recherche de partenaires « locomotives » qui vendent bien et développent leurs équipes.

La fonction staffing d'une entreprise de conseil (qui affecte les consultants sur les projets) est un rouage essentiel et critique pour les consultants, mais rien n'empêche, et cela est toujours vu d'un bon œil, d'être proactif et anticipateur, voire volontariste sur les types de projet auquel vous voulez participer, toujours en accord avec son mentor, qui peut être un appui utile.

Certains diront que les processus de gestion doivent être respectés, oui, certes, mais ils sont rarement parfaitement mis en œuvre, et celui qui a les meilleures informations sur ce que vous voulez faire, c'est vous ! Attention, il y a des nuances sur le propos, car le staffing sauvage n'est pas bien vu.

Le rôle du staffing et des séminaires d'évaluation de fin d'année est de mesurer votre employabilité, actuelle et future. Un taux faible d'utilisation, sauf exceptions, est un très mauvais signe. Un bon taux d'utilisation est un bon départ pour un bonus significatif, une promotion et des augmentations salariales significatives. C'est une obsession avec des résultats concrets.

3.1) Les grades et leurs caractéristiques

Chaque niveau sera rapidement décrit ainsi que les conditions de succès pour une promotion.

3.1)1. Analyste

Un analyste est typiquement un jeune diplômé d'une grande école sans expérience professionnelle.

Rôle :
Comme son titre l'indique, son rôle est de faire des analyses, de produire des statistiques, de fournir des entretiens clients, ou de concurrents. C'est un assistant du consultant pour mener des recherches. Par exemple, travailler sur les fichiers des comptes d'exploitation des entreprises fournis par l'Insee pour détecter les entreprises à fort potentiel de gestion de trésorerie, regrouper tous les rapports annuels de concurrents ainsi que les rapports des analystes financiers, donc de la recherche d'information et de contextualisation pour un projet donné. Même avec Internet et ses accès à de multiples sources d'information, le job d'analyste est toujours pertinent

Il y a des sociétés, souvent basées en Inde, qui grâce à l'IA et ML fournissent des informations très pertinentes pour un prix attractif.

Facteurs de promotion :

La position d'analyste ne doit pas durer plus de 18 mois-deux ans. Soit le jeune diplômé va faire un MBA, souvent financé par l'entreprise, soit il est promu Consultant. Les facteurs de promotion sont : autonomie dans ses recherches, rigueur dans la vérification des sources et des cohérences entre les chiffres, capacité à proposer une synthèse des données collectées, curiosité et ouvertures d'esprit, débrouillardise, ténacité, écoute. J'ai parfois été bluffé par la capacité de jeunes analystes à développer des modèles excel très sophistiqués.
Les axes d'analyse de la performance des consultants tels que décrits dans le chapitre précédent : la gestion de la relation client CL, la maitrise du contenu CO, la capacité de gestion de projet et d'équipe EQ, et enfin les contributions internes CI permettent d'illustrer les proportions pour chacun des rôles.
Par exemple pour analyste :
CL   1%   CO   80%   EQ   15%   CI   4%

3.1)2. Consultant

Rôle :
Le consultant est la cheville ouvrière des projets en ayant deux rôles clés, qui varient selon les projets : conduire des analyses (de marche, de coûts, de clients, de concurrents, etc.) et proposer des synthèses de ces recherches. Ces synthèses doivent s'intégrer dans les travaux menés au cours des projets, tels que définis par le chef de projet.

Le consultant travaille encadré par des SC ou des Managers. Une fois réalisés les travaux demandés, la curiosité et la créativité sont toujours appréciées. La rédaction de présentations doit répondre aux critères élémentaires : le story line, enchainement des arguments, rigueur des analyses et des sources, et proposition de « so what » de ces analyses pour la situation du client.

Ce ne sera pas parfait du premier coup, mais c'est ainsi que l'apprentissage se fait. Les américains ont une expression qui résume assez bien les attentes vis-à-vis des consultants (c'est vrai pour tous les grades, à différent degré) : « hit the ground running » ou produire vite des résultats de qualité dans un contexte de projet et client donné. Suivant les types de projet, la capacité du consultant à présenter ses travaux à des interlocuteurs du client est une force, comme travailler conjointement avec les équipes de celui-ci. En fonction des circonstances, présenter ses travaux en comité de pilotage peut lui être demandé.

Facteurs de promotion :

Les premiers sont la rigueur et la logique des travaux avec la solidité des validations avec les clients, la complétude d'une tache dans un projet, comme une analyse des concurrents, une analyse des performances financières et opérationnelles, une analyse détaillée des rôles dans une organisation, etc. De plus, la capacité à créer par soi-même des nouveaux axes d'analyses, de réfléchir plus avant aux impacts, d'emporter l'adhésion de clients aux conclusions, et de construire des documents de synthèse pour le Knowledge Management (pour être utilisé sur d'autres projets). Une première démonstration d'une capacité d'encadrement d'un analyste, d'un autre consultant, est souvent nécessaire.

CL   20%   CO   60%   EQ   15%   CI   5%

3.1)3. Senior consultant

Rôle :

Le Senior consultant est un « super » consultant dans le sens où, en plus de ses propres tâches, il encadre un ou deux consultants, en étant le garant des travaux pour le chef de projet.
Pour certain projet de petite taille, il peut être le chef de projet lui-même, comme l'analyse des ruptures d'un marché. Les taches ne changent pas fondamentalement, elles ont juste un champ plus large. Le Manager va encadrer plusieurs seniors consultants et avoir la charge de projet de plus grande ampleur.

Facteurs de promotion :

Le facteur clé de promotion est d'être évalué comme autonome sur des sous-projets ou sur un projet lui-même. De plus, une contribution significative aux savoir-faire de l'entreprise est très appréciée, comme préparer un document sur les tendances d'un sous-secteur (la banque privée, par exemple), la codification de l'utilisation d'une méthode (leçons apprises sur la construction de compte d'exploitation d'une banque privée, par exemple), ou l'identification de problématiques chez le client potentiellement source de futurs projets (le client dit qu'il s'intéresse à une acquisition, et ce n'est pas l'objet du projet)

CL   30%   CO   50%   EQ   15%   CI   5%

3.1)4. Manager / Senior Manager (aussi appelé Principal, ou Senior Engagement Manager)

Rôle :

Autant les rôles d'analyste, de consultant et de senior consultant sont principalement des rôles liés aux analyses et à la relation avec des clients non-décisionnaires, les taches de manager/senior manager, outre la supervision des analyses des équipes, basculent dans une prédominante de gestion de la relation client. Il s'agit de présenter les analyses, de les faire valider, de discuter de leurs conséquences et d'envisager les plans d'actions et les facteurs de réussite de la mise en place des recommandations.

Il s'agit aussi de prendre le lead sur des activités internes comme des groupes de travail liés à un activité sectorielle (la banque privée pour garder cette exemple) ou un type de méthodologie de projet (réduction de couts, stratégie, etc.). Ces groupes de travail ont pour ambition de codifier les savoir-faire dans un domaine pour partager les expériences des projets, aider à préparer des propositions, et créer des documents de réflexion comme « le futur de … » pour présentation à des clients ou à des conférences, pour des outils marketing, pour le site web, etc.

Le manager/senior manager est le chef de projet opérationnel sur lequel le partenaire s'appuie pour réaliser la valeur ajoutée attendue et définie dans la proposition acceptée par le client. Néanmoins, les projets se réalisent rarement comme initialement prévu car les analyses peuvent mettre en exergue des priorités autres que celles initialement définies (comme le problème est plutôt un sujet de croissance que de rentabilité). Ainsi un des rôles est de savoir infléchir le cours des choses pour coller au mieux aux besoins du client.

La transition à manager est un changement de métier d'une certaine manière, les priorités et les attentes de la hiérarchie ne sont plus les mêmes. La valorisation des contributions par le client et par son équipe est le critère primordial.

Facteurs de promotion :

Le premier critère est la réussite des projets menés à la satisfaction des clients et avec une équipe solidaire de son manager car ils/elles se sentent justement valorisés, encadrés, pilotés et ont progressés dans leur métier au cours du projet. Une mesure d'un projet réussi est aussi qu'il génère des suites.

Pour le manager, des critères de promotion vont s'ajouter comme : identifier clairement des suites de projets, ou des extensions de projets à d'autre domaines, des capacités à rédiger des propositions de qualité, souvent en parallèle des projets en cours.

Pour les senior managers, les critères de promotion à partenaire sont principalement sa capacité à tenir et développer une relation client, d'avoir le potentiel de générer X millions d'honoraires (1 au début, 3 la deuxième année, 4 à 5 en rythme de croisière pour la stratégie, et le double pour le conseil en management). Il doit démontrer cette capacité et qu'elle soit reconnue par les clients.

Les promotions à Partner sont une des décisions clés d'une entreprise de conseil, elles prennent toutes les formes et process imaginables, mais restent basées sur la capacité à générer des honoraires pour l'entreprise ou être un expert reconnu dans un domaine facilitant la génération d'honoraires et l'adhésion de équipes. Pour moi, les bons processus de promotion à Partner incluent de manière prédominante des entretiens avec des clients, (comme d'ailleurs pour les autres niveaux, mais dans une moindre mesure) ce sont les meilleurs juges de la valeur ajoutée. Les clients sont flattés et en général très impliqués quand leurs points de vue sont sollicités.

CL   50%   CO   20%   EQ   20%   CI   10%

3.1)5. Partner et Senior Partner

Partner est la troisième grande étape de la maturité du consultant ; la première est la capacité analytique et de gestion des clients intermédiaires jusqu'à manager, le consultant bascule alors majoritairement dans un rôle de gestion d'équipe de production concrète de valeur ajoutée pour le client, enfin, comme partenaire il va cumuler deux rôles : générer du chiffre d'affaires et contribuer à la gestion de l'entreprise.
Le rôle de senior Partner est la reconnaissance d'une plus grande capacité de ventes, d'une certaine ancienneté, et parfois de la nécessité d'encadrer des Partners et de continuer à les gérer dans leur accroissement de compétences. Dans certaines entreprise, Partner est l'obtention du Graal, et par définition le Partner est parfait !
CL   25%   CO   25%   EQ   25%   CI   25%

Les éléments présentés précédemment sont le reflet de mes convictions et pourrait être vues avec de grandes nuances en fonction des cultures des entreprises de conseil, et de leur business models.

Les temps de passage sont globalement les suivants :
- Analyste à Consultant : 18 mois deux ans
- Consultant à Senior consultant : 2 à 4 ans
- Senior Consultant à Manager : 3 à 5 ans
- Manager à Senior Manager : 2 à 5 ans
- Senior Manager à Partner : 3 à 5 ans

Il est courant que si une promotion a été longue entre des niveaux, le temps s'accélère après. Il faut donc au minimum 8 ans à un consultant pour devenir Partner. Evidemment, cela dépend aussi des entreprises et des circonstances internes.

3.2) « Je veux une promotion ! »

Il est courant dans une discussion avec un consultant (quel que soit le grade) d'avoir cette demande. Les effets combinés notamment des camarades de classe promus dans d'autres entreprises, de sa propre idée de sa valeur et des aspirations à avoir plus de responsabilité poussent naturellement à cette demande qui est parfaitement légitime.

Il est courant de la traiter au regard des critères de promotion du modèle de compétences de chaque niveau et de mesurer le chemin à parcourir. L'objectif est de définir un plan d'action concret, de donner un horizon de temps. Le plan d'action insistera sur les critères à travailler dans le laps de temps envisagé, sur l'encadrement, la rigueur des analyses, la relation client, la génération de business, que sais-je... des actions avec des résultats mesurables.

« Merci, tout ça est bel et bon, mais ce sont des banalités de chef pour retarder ma promotion, et j'y ai droit ! » Ces situations où l'émotionnel est fort et dépend du réalisme du consultant et de son évaluateur/mentor. Une promotion arrive notamment dans les grades élevés à plus ou moins un an près en fonction des opportunités projets (l'occasion de démonstration de validation des critères de promotion) et de la situation de l'entreprise. Il y a donc des marges de manœuvre, les règles sont faites pour être interprétées intelligemment. Néanmoins, une promotion prématurée peut conduire à de graves échecs, en particulier dans les sauts majeurs de maturité, le promu étant incapable de remplir les rôles de base du niveau suivant, et donc il ne peut pas être facturé au taux correspondant à sa rémunération. Une promotion doit arriver quand le consultant est prêt ! Parfois difficile à comprendre pour les ambitieux ! Certaines entreprises, surtout dans les premières années, ont des systèmes de promotion tous les six mois, un an ; du coup, il y a une multiplicité de niveau. On peut mettre le consultant dans le système de promotion sachant pertinemment qu'il ne passera pas ! Ce n'est pas lui rendre service car une des règles communément en place et que si quelqu'un est rejeté il ne peut pas se représenter avant un an !

Malgré toutes les explications, dans l'intérêt du consultant et de l'entreprise, certains démissionnent et vont vendre leur talent « du grade au-dessus » chez les concurrents. C'est leur risque Bon vent !
Cela étant, il y a des entreprises qui pratiquent des promotions dues au népotisme, au clientélisme et à l'influence. Cela n'est pas durable surtout pour une homogénéité de qualité de service.

3.3) Mentoring

Le rôle du mentor pour un consultant est fondamental. Il n'est normalement pas sur les mêmes projets que vous. Dans de nombreuses entreprises de conseil, il est courant de nommer un Mentor pour les consultants. Normalement, c'est un consultant deux grades au-dessus du votre niveau. Celui-ci va vous conseiller pour atteindre le niveau suivant de promotion le plus rapidement possible. Il vous conseillera sur les projets sur lesquels aller, sur les sujets à développer. Il vous servira de miroir sur les bons comportements à adopter, discutera avec vos chefs de projets, et présentera la synthèse de vos évaluations de projet lors des séances de mi et de fin d'année. Un bon mentor est un plus, un mauvais, surtout parce qu'il ne va pas vous consacrer assez de temps, sera un handicap. C'est souvent lui, avec des partenaires, qui répond à la demande : « je veux une promotion »

3.4) Introspection

Pour des jeunes entrants dans la carrière de conseil, il est sain de réfléchir aux étapes et à ses engagements. En effet, jusqu'à Manager, vous apprenez des techniques et des comportements qui sont utiles dans n'importe quel contexte d'entreprise ou d'institution. La promotion à Manager doit être le moment d'une réflexion sur votre avenir : est-ce que ce métier correspond à votre tempérament. Les caractéristiques (un métier de service) correspondent-elles à vos aspirations ? Si oui, il est normal de se dire qu'il faut viser avoir comme objectif de devenir un Partner. Vous faites un choix de carrière ou de philosophie. Confronté à des offres régulières de rejoindre des clients, j'ai toujours hésité, de peur de m'ennuyer dans un cadre fixe ! J'ai toujours pensé que j'avais plus de valeur en externe qu'en interne pour un client, arrogance ?

Bien sûr, rien n'est irréversible, jusqu'à un certain point. Si vous avez de la réussite dans vos projets, normalement, des offres d'emploi vous seront faites par vos clients ou un concurrent. Après une promotion de manager, beaucoup de clients voudront vous intégrer dans leurs équipes de stratégie ou d'organisation interne, c'est un choix de carrière. La question reviendra régulièrement. Après, Partner, c'est un autre jeu, notamment de pouvoir.

3.5) Rémunération

Les rémunérations du conseil ont une réputation d'être élevées, car le reflet d'une exigence forte d'engagement. C'est aussi la conséquence d'une équation économique : votre rémunération est liée (et inversement) aux taux journaliers appliqués aux jours facturés sur les projets.

Niveau	Salaire fixe en 000 Euros	Partie Variable en % du fixe	Total
Analyste	35 - 50	5 - 15	45
Consultant	45 - 60	10 - 15	59
Senior Consultant	60 - 80	15 - 20	82
Manageur	80 - 250	15 - 25	198
Senior Manageur	100 - 300	25 - 50	275
Partner	150 - 500	50 - 100	569
Senior Partner	600 - 1,000	100 +	

Il y a de grandes variations entre les entreprises, et par pays. Les rémunérations sont une combinaison d'une rémunération fixe et d'une part variable, dite bonus. Les bonus sont fonction des grades mais aussi de la santé économique de l'entreprise. Donc, les chiffres ci-dessous sont à prendre avec précaution.

Pour les partenaires, voir les chapitres sur le partenariat. En conclusion, j'ai voulu illustrer dans ce chapitre que l'acquisition de savoir-faire multiples est la clé de la progression dans la carrière de consultant, Cet acquis de professionnalisme est une garantie de construire votre valeur ajoutée.

Ce n'est pas un jeu de hiérarchie et de nombre de subordonnés, mais une expérience dans la variété des sujets, dans la taille et la complexité des projets, dans la production de résultats pour les clients et dans la participation à la progression de l'entreprise.

Chapitre 4 : Partenaire, mon amour !

Le propos de ce chapitre est de partager mes observations sur les partenariats. En effet j'ai été un « Partner », partenaire, actionnaire au sein d'au moins cinq partenariats ou assimilé (RPA, The MAC Group, Gemini Consulting, Ares & Co et zeb). Par ailleurs, j'ai participé à des acquisitions dans différents pays, comme IKO en Norvège, Gruber, Titze und Partner en Allemagne, Gamma International et Bossard en France, E&Y Consulting dans une trentaine de pays. Et enfin, j'ai embauché des partenaires d'entreprise comme McKinsey, BCG, PwC, Oliver Wyman, Roland Berger, Accenture, etc. Par ailleurs, mon épouse, comme juriste et avocat au Barreau de Paris, a aussi été, un certain temps, Associée dans des cabinets d'avocats. De cette expérience, il est aisé de conclure que les « vies et mœurs » des partenariats varient énormément. En fonction de la philosophie générale, des modes de fonctionnement, des modes de rémunérations, etc.

Les partenariats sont répandus historiquement dans des professions qui peuvent s'exercer en mode libéral, comme consultant, comptable, avocat, fiscaliste, etc. mais bizarrement pas trop dans le monde médical. Il y a un livre de référence, écrit par un ami, sur la gestion des partenariats qui s'appelle « Managing the Professional Service firm » par David Maister.

4.1) Philosophie

Être un partenaire signifie, littéralement, que vous détenez une part du capital, et donc, une voix dans la discussion de la conduite des affaires. Pour un consultant, ou un professionnel du service aux entreprises c'est l'aboutissement d'un parcours, une reconnaissance interne et externe d'une valeur professionnelle accomplie. Cela peut prendre entre 8 et 12 ans après l'embauche, voir Chapitre 3.

Dans le paragraphe 2.10, l'évolution et la maturation des RH dans le conseil ont été évoquées. Ce qui fait la compétence principale d'un partenaire, c'est sa capacité à tenir une relation client afin d'augmenter durablement les revenus. Dans des structures de bonne taille (disons au-delà de 1000 personnes), les partenaires peuvent être des experts ou des professionnels de la gestion de projet. Néanmoins, la « noblesse » du partenaire restera toujours les ventes, dans la durée.

Il y a tout un spectre de raisons pour lesquelles les partenariats sont créés, mais trois émergent :
-    Mettre des moyens et des coûts en commun avec des professionnels du même métier
-    Créer un groupe de femmes et d'hommes motivés par les mêmes objectifs de valeur ajoutée vis-à-vis de clients comme fournir le meilleur conseil stratégique, opérationnel, etc.
-    Fidéliser des collaborateurs et tirer parti de leur effet de levier et de leurs compétences.

Ces trois grands objectifs mentionnés ci-dessus peuvent être plus au moins combinés entre eux. Dans le temps, les objectifs principaux des partenariats doivent évoluer, parfois au risque de disparaitre. En effet, le choc de la croissance et/ou de l'internationalisation peut créer des difficultés dans la gestion d'un partenariat.

Mettre des moyens et des coûts en commun avec des professionnels du même métier (type1)

C'est la forme la plus courante dans les métiers du Droit, chaque avocat gère ses clients et partage des bureaux et des moyens (assistantes, documentation, etc.). Il y a une société de moyens en commun et chacun pilote ses propres affaires, et, souvent les collaborateurs sont liés à un avocat spécifiquement.

La deuxième étape est de facturer les revenus par la même entité juridique, et ensuite de repartir les bénéfices en fonction d'une clé de répartition à définir. Beaucoup de sociétés de conseil sont organisées selon ce principe de « eat what you kill », comme d'ailleurs de nombreuses boutiques de fusion acquisition. La discussion devient tendue quand plusieurs partenaires travaillent ensemble pour un client sur la répartition du pourcentage des ventes ou des revenus. J'ai recruté des partenaires qui n'en pouvaient plus de passer au-delà de 60% de leur temps à discuter avec les autres partenaires sur leurs quotas respectifs !

Ce modèle fonctionne assez bien dans des espèces de coopératives de moyens avec des groupes d'experts, qui au besoin forment des équipes pour aider un client, avec une variété de compétences.

C'est aussi typiquement comment fonctionne les Big 4, du moins à l'origine. De plus, en fonction des règlementations locales qui sont habituellement assez contraignantes pour les experts comptables, il y a en général deux étages de partage de coûts, et de revenus, au niveau d'un pays puis au niveau mondial. Il y a souvent deux types de partenaires, les locaux et les internationaux.

Toutes les discussions entre les partenaires se focalisent sur la reconnaissance des revenus et sur la capacité à investir ensemble, au niveau local ou au niveau global.

Créer un groupe de femmes et d'hommes motivés par les mêmes objectifs de valeur ajoutée vis-à-vis de clients comme fournir le meilleur conseil stratégique, opérationnel, etc. (type2)

Le mot important ici est « MEMES », ce qui soude les partenaires est de produire la meilleure valeur ajoutée commune pour résoudre le problème d'un client, d'amener la meilleure compétence disponible en fonction du sujet, peu importe qui est le manager de la relation avec ce client. Les grands réseaux de conseil en stratégie (McKinsey, BCG, par exemple) ont été créés sur ces principes. La conclusion logique est qu'il n'y a au niveau mondial qu'un seul compte d'exploitation et un seul bonus « pool », pertinent pour la rémunération des partenaires. C'était aussi le principe de fonctionnement pour The MAC Group. La répartition de bénéfices se fait soit de manière égalitaire ou en fonction d'une clé à discuter en fonction des performances collectives et des performances individuelles. Il y une conséquence implicite à ce modèle qui est un relatif égalitarisme dans les parts, même s'il peut y avoir un niveau de Senior partenaire et un niveau de partenaire (qui reconnait l'ancienneté, de facto). Ce système exclut assez vite (en trois ans), les partenaires les moins performants. Cela a conduit parfois à instituer une limite d'âge, assez basse, 55 ans par exemple.
Ce principe, presqu'angélique, est très puissant quand tout le monde génère de bonnes performances. Cela n'est pas le cas lorsque pour des raisons de marché (une récession quelque part), de type de clients (plus d'investissement dans un secteur, un renouvellement des équipes dirigeantes) ou de maturité dans un marché (géographique ou sectoriel), la discussion se tend.

Dans certaine entreprise, la réaction des partenaires est appelée « il y a le feu à Tokyo », tous les partenaires veulent aider là où il y un problème pour protéger leur bonus, collectivement...cela fonctionne un temps, mais selon la taille, c'est vite impossible à gérer, jusqu'à 100 partenaires ?
Cette volonté de mise en commun implique exigence et rigueur qui irriguent aussi tous les systèmes de gestion, notamment le recrutement et la gestion des consultants, afin d'avoir un standard de qualité commun au niveau mondial.
Pour ces entreprises, la croissance est une nécessité absolue. En effet, pour garder les talents, qui dans un métier de conseil est l'actif principal, il faut pouvoir proposer des promotions régulièrement aux plus brillants des collaborateurs. Il y a aussi deux philosophies, « Up or Out » ou pas. « Up or Out » fait référence à des normes de promotion et de maturation professionnelle dans un timing donné, codifiées par l'expérience d'une entreprise donnée, l'appliquer strictement est toujours un dilemme entre la perte d'expérience et la future carrière d'un collaborateur. Il est plus facile de gérer ces cas dans un contexte de croissance où il y a des places à prendre. La croissance pose ensuite un problème de gestion. J'ai participé à des partenariats à 3, à 50, à 100 et plus de 1000 partenaires. Ce ne sont pas les mêmes modes de gestion, gérer les transitions dans le mode de gestion en s'adaptant à la croissance d'un partenariat sont des exercices délicats.

Fidéliser des collaborateurs et tirer parti de leur effet de levier et de leurs compétences (type3)

Ce mode d'organisation de partenariat est typique de modèle issu d'un « one man show ». Typiquement un professeur d'université avec une niche spécifique et unique en son genre, ou un « grand » manageur d'une entreprise en vue.

Alors, une demande se crée pour ses services dans le marché, pendant qu'il continue à enseigner et à développer son savoir-faire. Son aura académique, ou autre, peut être très utile, mais par définition, il ne peut pas se consacrer seul à plein temps au conseil, donc il va embaucher ses étudiants/collaborateurs pour faire levier sur ses projets.

Certains de ses étudiants vont développer d'autres champs d'expertise et petit à petit les sujets traités par cette entreprise se diversifient. Il devient alors légitime pour des consultants de demander des parts des actions de l'entreprise. Certains refusent, ou ne sont pas intéressés, préfère de loin le « one man show », et limite leur développement, d'autres acceptent, tout en conservant des parts plus que majoritaires afin d'engranger le plus de bénéfices possibles, d'autre comme Dick Vancil, fondateur du MAC Group, accepte de se faire diluer dans le temps. Chaque trajectoire a ses mérites.

4.2) Mode de fonctionnement

La philosophie générale d'un partenariat est à la base des modes de fonctionnement. Pour tous, la clé de voute est le « Partners' meeting » et ses règles de fonctionnement. Comme pour toutes les entreprises, les sujets de discussion sont les grands sujets classiques : stratégie, performances, rémunération, politique RH, marketing, investissements, etc. Ce qui fait son sel est la manière dont ces meetings sont gérés.

Dans le type 1 (moyens en commun), c'est plus une discussion des reporting et des allocations, plus un comité d'audit que la construction d'un consensus.

OMOV

Dans le type 2, la discussion doit être soigneusement orchestrée pour dégager une majorité, surtout s'il n'y a pas de leader naturel. Dans la discussion sur les modes de fonctionnement des partenariats de ce type, il peut arriver que les « pères fondateurs » aient établi une règle disant « one man, one vote », OMOV, indifféremment des parts en capital, comme pour les sociétés coopératives ou mutualistes.
Certains sont allés jusqu'à gommer la notion de part en capital. En effet, il faut peu de capital dans une société de conseil, et le fonds de roulement pour le fonctionnement est facilement couvert, donc la notion de capital est une « technicalité » comptable. Ce qui est important, ce sont les contributions de chacun. OMOV est une exigence forte de transparence et de consensus et souvent ralentit considérablement les décisions.

Dans le type 3, les Partner's meeting sont plus une chambre de discussion que de décision puisque peu de personnes ont in fine des parts de capital, et, les « founding partners » fiers de leur construction, souvent à juste titre, ont de toute façon, la majorité des actions et des dividendes. Un ex-partenaire de type 2 est toujours très mal à l'aise dans un type 3, et ne dure généralement pas, sauf à avoir un motif, familial par exemple. De plus, dans les niveaux de rémunération, il peut y avoir des écarts très importants, de facteur 3 à 5, entre les type 1 et 3 d'une part et le type 2, plus égalitaire mais la rémunération est plus régulière puisque le partage collectif lisse le risque.

4.3) Modes de rémunération

Ce qui caractérise un partenaire est un mode de rémunération où la part variable est très significative. Dans le conseil, un junior va avoir une part variable de l'ordre de 5 % de son salaire fixe, un senior, 10%, un manageur, 25%, un principal 50%. Le partenaire cela varie de 0 à plusieurs fois le fixe. Pour beaucoup de partenaires, payer les rémunérations variables des collaborateurs (sauf catastrophe économique majeure) est la première priorité. Ce n'est pas de l'altruisme, car sans collaborateurs rien ne peut se faire !

Dans le type 1, il peut y avoir une part fixe qui est en général assez faible (du niveau du salaire d'un manageur), puis une part variable qui sera un pourcentage des ventes, une fois déduit les frais communs à partager. Evidemment, la discussion sur la part d'investissement à mettre en commun impacte directement la rémunération de chacun. Ce système a parfois des résultats très impressionnants, avec des rémunérations multimillionnaires, mais est extrêmement instable.

Evidemment, dans le type 1, en particulier des partenariats de type Big 4, l'effet de taille joue énormément pour stabiliser à des niveaux assez élevés les rémunérations, en particulier pour les partenaires du niveau global.

In fine, les « systèmes » de partenariat résistent bien dans la durée pour autant que l'équilibre entre une reconnaissance des contributions de chacun et les rémunérations soit juste, que le niveau de solidarité soit pertinent, que les discussions sur la croissance, les investissements et le développement soient partagées et arbitrées objectivement par rapport aux impacts sur la rémunération des partenaires, et enfin que le niveau de transparence et de communication soit crédible.

Une évidence : les modes de rémunération pour les partenaires sont dépendants de la disponibilité de cash à la banque. Il m'est arrivé, surtout dans les petites structures, mais pas seulement, d'être entre deux séries de contrats, ou dans un creux d'activité, avec un cash insuffisant pour payer les partenaires, une fois payé les salariés. Les discussions avec les autres partenaires entrainent des solidarités ou des conflits, plus ou moins durablement.

4.4) Les risques des partenariats

Les partenariats sont des constructions fragiles dans la mesure où, plus que des entreprises cotées par exemple, le management est aussi l'actionnaire. Donc la discussion sur la croissance et la répartition des profits est cruciale.

Pour moi, le premier risque est l'ambiguïté des objectifs d'un partenariat. Quel est le degré d'ambiguïté entre la volonté de développer l'entreprise et la « cupidité » de certains ? Les partenaires sont sensibles au discours, mais les actes parlent aussi. Dans des situations où, par exemple, plus des 50 % des profits vont à un petit groupe, c'est une forme différente de partenariat où il y a une part « virile » et tous les partenaires se répartissent X% du profit de manière égalitaire, et une part individuelle liée à la performance individuelle. Oserai-je dire que pour 80% des partenariats qui explosent, la cause en est la répartition des profits, qui cache in fine, des comportements, de la confiance, et des similitudes ou non d'état d'esprit.

Le second risque est la croissance et le risque de perte d'âme. La communication entre les partenaires pour la conduite des affaires est normalement très fréquente et intense. Ce qui est nécessaire dans un couple est encore plus nécessaire dans un environnement professionnel. Cela dit, la taille et l'éloignement géographique peuvent amener des difficultés insurmontables sans changement de gouvernance et de création de ligne de reporting. Cela se fait progressivement, mais c'est souvent un traumatisme pour une construction « égalitariste ». Evidement les grands partenariats, comme les Big 4, ne sont plus vraiment des partenariats au sens premier du terme, ils possèdent de puissants systèmes de gestion, comparables à ceux d'une entreprise normale. Partenaire est un grade, il reste bien quelques mécanismes, mais la masse est telle que l'esprit est difficilement préservé.

Comment ça, pas la même prise de courant ?

Le risque d'internationalisation va plus loin que juste l'éloignement géographique. A la fois pour des entreprises européennes ou américaines, j'ai pu observer que la compréhension des différences liées aux pays qui ne sont pas la « Mère patrie » est difficile. Ne serait-ce que les différences de rémunération, de systèmes sociaux, de fluctuation des changes... quand un système RH envoi dans une des filiales nouvellement ouvertes des contrats de travail de Droit du pays d'origine, ou, le CFO est débordé par la fluctuation des changes.

Un partenariat performant dans un pays, ne peut réussir en dehors de son pays d'origine qu'à trois conditions : suivre ses clients internationaux là où sont leurs activités (cela suppose un fort niveau de confiance du client) ; définir une offre de service qui est unique dans le pays visé (aujourd'hui vue la maturité des marchés du conseil, arriver sans une offre spécifique est difficile), et enfin les Hommes et Femmes qui comprennent l'entreprise et le nouveau pays ou mettre en place les bons relais. De mon expérience, faire une acquisition locale pour planter un drapeau sans réfléchir aux trois conditions ci-dessus est voué à terme à l'échec.

L'exercice du leadership dans un partenariat est compliqué par cette construction « phalanstérienne ». Il y a deux types de patron dans les partenariats, le ou les fondateurs/fondatrices, ou des patrons de consensus.

Les pères fondateurs sont légitimes naturellement. La difficulté est la transition en fin de carrière, sont-ils capables de décrocher, cherchent-ils à engranger le maximum de cash en partant, ou préfèrent-ils s'assurer de la pérennité de l'entreprise ?
L'élection d'un patron, non fondateur, par les partenaires est souvent une élection de dupes. Ceux qui pourraient être légitimes sont en conflit entre eux, des batailles d'ego souvent, alors ils s'accordent pour faire élire quelqu'un dit de consensuel, qui pourrait gérer les affaires courantes, mais est conscient qu'il ne doit sa position qu'à leur magnanimité ! Un partenaire qui tient des relations client va préférer constamment les développer, ce qui garantit sa survie de partenaire, plutôt que de gérer un collectif d'autres partenaires. Le risque est trop grand, et le retour est incertain voire nul.

4.5) La vie quotidienne d'un partenaire

Pour beaucoup de consultants, être partenaire, Partner, est l'accomplissement d'un parcours long et incertain. Les exigences des critères de promotion sont nombreuses et complexes : démontrer la capacité à gérer et développer une/des relation(s) client tout en maintenant un fort taux d'utilisation, obtenir le soutien des équipes projets, contribuer au rayonnement externe et interne de la société de conseil, être capable de motiver des « sponsors » pour mettre votre candidature en avant et la défendre de manière crédible. Cette promotion est une étape de carrière et démarre ainsi un nouveau rôle dans le conseil, après celui de consultant et de manager. C'est un changement de manière d'exercer le métier.

Un saut psychologique !

Du point de vue psychologique, le nouveau promu est sur un nuage : il est maintenant dans le saint des saints, et il va pouvoir jouir des privilèges imaginaires ou réels, avoir une autorité interne et externe conférée par son grade, etc.

Parfois, dans de nombreuses entreprises, le grade de Partner confère une sorte d'impunité : « il peut tout faire, il est partenaire ! » ...
C'est, de mon point de vue, une hérésie, car les jeunes partenaires ont encore besoin d'encadrement, notamment dans la transition vers ce nouveau rôle. Certaines entreprises ont pour cela le grade de Senior Partner quoique parfois c'est plus une reconnaissance d'une ancienneté qu'une responsabilité d'encadrement.

Une nouvelle réalité

Le nouveau partenaire doit comprendre qu'il va maintenant agir dans un environnement relativement différent du précédent. La réalité est moins glamour que la vulgate.
Dans les entreprises où les Partenaires ont une fibre d'entrepreneurs, les nouveaux partenaires entrent dans un monde concurrentiel, plus ou moins violent. Il y a concurrence pour la part du bonus. Être un partenaire performant attire les clients mais aussi les meilleurs talents. Il y a concurrence aussi sur l'affectation des bonnes équipes. Souvent, un partenaire a un rôle interne à jouer (pilotage d'un savoir-faire, d'un secteur, d'une fonction), et est donc confronté aux autres partenaires pour présenter des solutions, et ce sont des experts ! Faire prendre des décisions est tout un art !

Les partenaires des entreprises de conseil sont très compétents pour ne pas exposer leurs dissensions vis-à-vis des équipes. Une fois dans ce cercle, les bagarres internes apparaissent, et elles peuvent être violentes, sur tous les sujets : la qualité des missions, celle des propositions, les choix budgétaires, les risques de réputation, le style de gestion des clients, les conflits sur un même client, les conflits sur les affectations des équipes, la manière de gérer des équipes, l'internationalisation, les investissements, et aussi les directions futures pour la société... Suivant la culture des partenariats, le rôle des « anciens », les conflits réels ou intentés peuvent se calmer vite ou dégénérer durablement. Certains découvrent un monde nouveau où il faut apprendre à naviguer. Les discussions les plus difficiles sont sur la répartition des bénéfices, et la question, parfois purement théorique, sur la part des investissements et celle du paiement en cash.

Affirmer son positionnement

Un fois l'effet de surprise passé, le nouveau partenaire doit faire des choix sur ses priorités et confirmer rapidement la légitimité de sa promotion notamment sur la génération de business.

L'autre surprise est le reporting financier détaillé auquel le nouveau partenaire a accès. Les détails sont parfois perturbants pour des nouveaux yeux, notamment sur le bilan, le compte d'exploitation étant en général bien connu. Le bilan peut recéler des surprises, en particulier sur les engagements externes ou les survaleurs d'acquisition. La valeur des parts peut donc ne pas être complètement en ligne avec le prix payé par le nouveau partenaire. L'autre préoccupation peut être le mécanisme de liquidité des parts, y a-t-il le cash pour payer les partants, est-ce déjà préempté pour certains, etc.

Pour l'anecdote, quand j'ai été élu Partner au The MAC Group, la trésorerie était négative et un emprunt en mon nom avait été contracté pour recréer le fonds de roulement...surprises, surprises ! C'est néanmoins un de mes meilleurs investissements.

Un partenaire a une obsession première : ses niveaux de ventes. La seconde est la qualité des équipes sur ses projets, et la troisième consiste à trouver des idées pertinentes pour développer les relations clients. La gestion de l'entreprise elle-même est de deuxième ordre, un mal nécessaire...

Vu les conflits inhérents aux questions de staffing, le management d'une entreprise de conseil est de les gérer dans la meilleure harmonie possible, avec le moins de népotisme et d'arbitraire possible.

J'ai connu des cas où le collectif primait et des cas où les choix personnels étaient prédominants. Chaque entreprise a sa philosophie. Il m'est arrivé de rappeler, comme manageur, au collectif que « l'ennemi est à l'extérieur, pas à l'intérieur ». Il m'a toujours semblé important que les consultants pensent que l'environnement interne est un soutien, pas un frein. Certaines entreprises de conseil ont des environnements hyper compétitifs entre partenaires sans collégialité réelle, d'autres fonctionnement en équipe pluridisciplinaire et consensuelle de manière efficace. Entre ces deux extrêmes, le balancier évolue en fonction de l'activité et des modes de rémunération.

Préoccupations quotidiennes

Après quelque temps d'acclimatation, la vie d'un partenaire est en premier lieu concentré sur la génération de chiffre d'affaires et la gestion des équipes. Dans les cabinets de stratégie et de conseil en management, en début d'année le business identifié et signé représente en général moins de 15% du budget annuel. Donc la gestion du portefeuille de propositions, et son développement, est une préoccupation quotidienne pour l'entreprise. Du point de vue individuel, le partenaire est en général toujours sur la brèche pour générer de nouveaux contrats.

Même si des clients sont fidèles et satisfaits, l'expérience montre que plusieurs phénomènes peuvent altérer ce « confort » :
-       Au bout d'un temps variable suivant les entreprises, il peut y avoir de la « consultant fatigue », les équipes sont saturées de projets (en plus de leur travail opérationnel quotidien), et demandent une pause.

- Il peut toujours y avoir une rotation du management. Dans certaines entreprises, surtout depuis ces dernières années, la durée de vie d'une équipe de direction a été significativement raccourcie. Si la relation du partenaire est *intuitu personae*, et moins institutionnelle, alors le business va disparaitre à l'occasion de ces changements. Un conflit entre personnes peut conduire à des départs.
- Les fusions acquisitions remettent toujours en cause les positions acquises,
- Les budgets peuvent s'être taris
- Etc.

Un partenaire, individuellement, est confronté à ce stress permanent, d'autant plus que la part d'incertitude est forte. De plus, de nombreux projets de conseil supposent que les partenaires soient très présents avec le client, et cela laisse peu de temps pour faire de la prospection. Certains pallient cette contradiction (entre travailler de très près avec un client pour assurer de bons résultats et trouver du temps pour développer le chiffre d'affaires chez d'autres clients), en déléguant les projets aux Principaux et en ne venant que très rarement voir les clients. Il n'est pas inutile de renforcer une spécialité qui vous permet de construire une réputation. Celle-ci génère alors un flux de questions, et normalement des projets. Par exemple, j'ai travaillé dans le monde des paiements en Europe pendant plus de 25 ans, pour des banques, des régulateurs, des associations professionnelles, des banques centrales sur ce sujet. Naturellement, les contacts créés et la réputation acquise ont permis de générer un flux d'activité significatif.

La deuxième préoccupation est tout aussi opérationnelle. Comme le montrent les business model (voir l'encadré à ce propos), le taux d'utilisation est critique. La réalité est toujours : il y a trop ou pas assez d'équipe. Ainsi, il faut toujours un volant de consultants disponibles pour élaborer les propositions et anticiper des gros contrats, mais trop de « mou » trop longtemps tue la rentabilité. Certaines entreprises sont systématiquement en sous-staffing, pour bien charger ses équipes et pallient les montées en charge par de la sous-traitance (mais le savoir-faire acquis ne reste pas), ou refusent les contrats les moins rentables. Donc la discussion sur les recrutements et le niveau de « mou » est un échange toujours tendu entre partenaires, et peut diverger en fonction de la vision sur le business futur, et de l'importance des contrats dans le développement d'une relation.

L'autre levier sur la rentabilité est le taux journalier de chacun des consultants qui est fonction du grade mais aussi de la maturité.

Augmenter ce taux est crucial mais il y a aussi une limite commerciale inhérente à chaque entreprise et à la concurrence. Ainsi, la gestion des mix de compétences est un souci quotidien pour obtenir un taux moyen de facturation acceptable. Pour revenir à l'encadré sur les business models, vendre des projets à 3000 euros/jour ou à 1000 euros/jour ne nécessite pas les mêmes compétences...des discussions, parfois acides, entre partenaires existent sur les taux moyens des contrats vendus par chacun.

Si un partenaire est en manque de business, il va avoir tendance à baisser les taux pour gagner des affaires ce que les autres vont lui reprocher car cela dégrade la marge globale...mais si cela développe des gros volumes alors la discussion est différente.

Un bon dialogue et de la concertation remédient toujours à court terme à ces bagarres. Si un partenaire donné baisse toujours les taux « officiels cibles », les tensions peuvent devenir difficilement gérables. Accessoirement, les taux d'utilisation des partenaires aux taux de facturation élevé (entre 2500 et 7000 par jour en fonction des entreprises), font le « money time ». Dix partenaires facturant 3000 euros/ jour à 50 % de taux d'utilisation (110 jours/an) est équivalent à 13 consultants à 75 % d'utilisation facturant 1500 euros/ jour.

Autre élément essentiel, et cela peut prendre beaucoup de temps, est la facturation. Le partenaire travaille dans un cadre contractuel, normalement juridiquement solide. L'accord d'un client sur un projet s'accompagne de la signature d'un contrat de service. Il n'est pas inhabituel de voir des décalages, plus moins importants, entre l'accord et la signature du contrat, une zone dangereuse. La vigilance de certains partenaires, même expérimentés sur la signature des contrats est parfois très faible !

Qui dit facturation suppose paiement. Les délais de recouvrement varient substantiellement d'un client à un autre, sauf si on s'en occupe proactivement, en particulier vis à vis de ceux qui valident les factures et ceux qui ordonnancent le paiement.

Souvent, ce travail de diplomatie et administratif n'est pas vraiment délégable. Une autre raison pour laquelle le partenaire doit s'en préoccuper au premier chef est que quel que soit le succès du projet, un projet n'est vraiment fini que quand le « cash is in the bank » ...

Un client maladroit ou pas trop franc pourra exprimer des réticences soit sur la qualité, soit sur sa perception du rapport couts/bénéfices du contrat en trainant des pieds pour payer.

Il existe aussi une catégorie de clients qui sont des négociateurs permanents ou des gens de mauvaise foi : « si tu veux être payé, et le travail est de qualité, il faut que tu baisses ta facture ! ». Je n'ai eu que deux impayés dans ma carrière dont un assez douloureux. A mon grand regret, il a fallu aller au tribunal pour régler ce cas. C'est très aléatoire, partout dans le monde. De plus, pour la réputation du cabinet, attaquer un client au tribunal laisse des traces imprévisibles.

Par ailleurs, la facturation, mais surtout les encaissements, sont la réalité tangible des contrats. Certains partenaires respectent scrupuleusement les engagements pris en interne, validés par une pricing sheet, ou un tableau financier du projet avec les ressources affectées et la marge prévisionnelle. Ces pricing sheets sont un instrument de gestion essentiel. D'autres partenaires prennent cela comme indicatif, ou y projettent leurs espérances du contrat, pas les réalités. Pour le management et les gens en charge du staffing, les « idéalistes » se repèrent vite. On avait une expression, par analogie avec les manifestations où le nombre de participants est différent vu par les organisateurs ou de la police, ou la « préfecture ». Donc les encaissements et les contrats signés, sont la « préfecture ». Un bon cabinet de conseil fonctionne sainement avec un contrôleur de gestion et une équipe de staffing qui ne se laissent pas influencer ou impressionner par l'ego des partenaires ! toujours des rôles délicats à jouer, en général, avec une supervision active d'un partenaire plus chenu que les autres.

Dans tous les cabinets, la réunion hebdomadaire des partenaires pour discuter du développement commercial (signé, proposé, à écrire, à trouver) et du staffing (affectation et volume prévisionnel) est un moment clé de la vie de l'entreprise, avec le soutien de la « préfecture ». Le sel des discussions est que chaque partenaire pense que ses projets sont les plus importants de l'entreprise et que les autres sont secondaires. Il lui faut donc les meilleures ressources.

Suivant la taille des entreprises, le pool des ressources est commun ou affecté clairement à des partenaires, ou groupe de partenaires regroupés en activité. Il y a une vertu à affecter des consultants à des types de projets pour accélérer la construction de compétences, en particulier sectorielles.

Globalement, un partenaire junior va consacrer 75% de son temps aux clients et aux équipes, et 25 % à l'interne. Un plus senior, la proportion client peut être de 100%, surtout pour développer les grands comptes, et ou de 50% avec un rôle de management. J'inclus dans ce temps, la partie développement des offres et des services. Pompeusement, certains appellent cela « innovation ».

L'innovation dans le conseil existe pour autant qu'elle est facturable. Donc l'innovation n'existe que sur les projets. Dans une société de conseil, où l'émulation compétitive entre les consultants est permanente, il est courant que ceux-ci ou des partenaires viennent avec des idées et cherchent un partenaire pour tenter de vendre l'idée à un client. Certains demandent des budgets de développement pour affiner l'idée. A de rares exceptions, ces budgets ne doivent pas être octroyés (ou juste dans la limite de rédiger une proposition) tant qu'il n'y a pas de projets liés à cette idée. Les Anglais disent: « the proof of the pudding is in the eating". Il y a tellement d'idées qui circulent que la seule preuve qu'elle est pertinente est qu'il y ait un client pour y croire et acheter un projet !

Y-a-t-il un âge pour sortir d'un partenariat ?

Il n'y a pas de réponse unique à cette question. Certains partenariats ont des limites statutaires, comme 55 ans ou 63 ans. Souvent les anciens partenaires deviennent alors des Senior Advisor et restent très proches du partenariat.

Plus qualitativement, les générations montantes de jeunes partenaires évoquent parfois les rendements dégressifs avec l'âge ! Ce n'est pas statistiquement avéré, mais ils espèrent avoir plus de place. Donc le mode compétitif perdure...A contrario, la maturité et l'expérience acquise sont valorisées par certains clients plus que la seule rigueur analytique ou de gestion de situation. Donc les partenaires expérimentés doivent aussi gérer leurs types de clients dans le temps.
Après c'est une question de jugement personnel, et de choix de style de vie. La vie en entreprise n'est pas forcément un « fleuve tranquille », surtout au sein comité de direction. L'autre sortie est de prendre progressivement des mandats dans des conseils d'administration ou de créer sa structure de « business angel ».

La vie d'un partenaire est formidable par la liberté de mouvement, la stimulation intellectuelle permanente, le travail avec les clients et les équipes, mais il ne faut pas être naïf sur les contraintes internes et les moyens pour les alléger, qui nécessitent de s'en préoccuper. J'ai travaillé dans 6 partenariats différents, et chaque fois les problèmes sont les mêmes. La culture, l'historique, la qualité des relations entre les partenaires, le rôle effectif du management à traiter les conflits font toute la différence entre d'une part un environnement qui permet à un partenaire qui chasse en meute pour « change the world while making money » et d'autre part un système désincarné de gestion administrative où chaque partenaire fait ce qu'il veut dans un cadre stratégique flou, pourvu que les chiffres soient là (chiffre d'affaires, marge, et encaissements).

Chapitre 5 : L'internationalisation du conseil : Marin breton et « World Citizen »

Dans ce chapitre, l'intention est de vous parler de mon expérience de l'international. Je vais tenter de le faire de trois manières : un petit vade-mecum de certains pays (avec les détails en annexe) où j'ai travaillé, une réflexion sur la gestion d'une équipe internationale, et enfin quelques points de vue sur la pratique des langues.

5.1) Introduction : l'international pour suivre les clients et acquérir une masse critique

Le mot « international » ne rime pas à grand-chose pour moi. Certes, je suis né en France, avec un passeport français, et, la Marseillaise m'émeut, tout comme « God save the Queen », ou « Marcha Real », surtout pour ce qu'ils représentent de mobilisation collective. Je ne sais pas répondre à la question : vous sentez-vous Français ? Oui en ardent défenseur des libertés et droits de l'Homme, peu pour défendre le modèle Français. Je suis incapable dire « tout ce qui est Français est parfait, ou le meilleur du monde ». Mon « pays » c'est la côte bretonne, ses villes closes, ses escarpements, criques, rias, Abers et autres golfes. Sur l'eau salée, à plus ou moins fortes marées, je me sens chez moi. Il faut bien un port d'attache. Sinon, je suis plutôt un citoyen du Monde, admiratif de notre planète, de sa diversité, et curieux de comprendre comment ça marche là où je suis.

Comme je l'ai évoqué dans le premier chapitre, ma chère mère avait un Doctorat de Chinois, et, mon père était né à Lima, au Pérou, descendant de familles françaises installées là grâce à Napoléon III. Ma chère mère essayait de nous inculquer des rudiments de chinois, pendant que mon père, parfois, nous parlait espagnol (mais pas le castillan), et que je passais une bonne partie de mes étés en Angleterre, plus le latin et le grec, indispensables à un honnête homme (à voir !). Ces ouvertures furent les prémices, conscientes ou non, d'une carrière où j'ai beaucoup voyagé, plus de 6.000 vols pour 15.000 heures de vols (estimation). Dans la segmentation des compagnies aériennes, j'étais un « road warrior » m'a dit un jour un compagnon de voyage, DG d'une agence de tourisme multinationale.

Au cours de mes pérégrinations j'ai visité environ une soixantaine de pays, si mon compte est juste, sur quatre continents (Europe, Afrique, Amérique et Asie-Pacifique) ; j'ai habité ou mené des projets/relations clients de plus de 2 ans en France, Belgique, Espagne, Portugal, Suisse, Etats Unis, Italie et au Royaume uni. Je parle couramment le français, l'anglais et l'espagnol, et je travaille plus ou moins facilement en italien, portugais et allemand. On y reviendra. J'ai observé et subi de nombreux changements dans les modes de transport, et, leur prétendue sécurité.
J'ai connu deux fois la prison des aéroports, en Suisse, à Zurich, et aux Etats-Unis, à New York. Dans les deux cas, même si cela n'a pas duré plus de 4 heures, ce n'était pas très « confortable ».

En prison !

En Suisse, nous venions de démarrer un projet de fusion de deux banques à Kloten près de Zurich et de son aéroport. Avant d'essayer de trouver un appartement sur place, je faisais la navette avec Paris.

La troisième semaine, en arrivant à la police des frontières, le policier me demande si je travaille ici, je lui réponds que je mène un projet pour la banque B (la première du pays à l'époque). Il me demande mon permis de travail... je n'en ai pas. Alors, il me déclare « personne illégale » sur le territoire et me demande de patienter dans une cellule, le temps de décider que faire (le tout en Suisse allemand !). Le temps que le client, que j'ai appelé, traite le sujet, et il s'était passé 4 heures... efficacité suisse !
Le cas US est quasiment de même nature.
En 2003, je suis l'équivalent de mandataire social du secteur financier en Amérique du Nord de Capgemini, mais non-résident US, et sans Green Card. Pour cela, l'entreprise dispose d'un Visa L 1 et met votre nom sur la liste des Mandataires, et vous disposez de ce visa sur votre passeport. L'entreprise et vous êtes liés par ce visa. Le visa de Capgemini venait d'être renouvelé sans problème, mais ne nécessitait pas de changement sur mon propre visa, même si la date de celui-ci était antérieure à ce renouvellement. J'avais remarqué la perplexité des agents d'immigration devant un tel visa. J'avais donc un dossier avec moi sur la législation, le visa de Capgemini mon visa et un texte d'un avocat New Yorkais expliquant les détails. Néanmoins quasiment à chaque fois, j'étais obligé expliquer le visa L 1. Jusqu'au jour où je tombe sur un agent qui s'énerve en disant que je triche et que la date de mon visa est antérieure au renouvellement de celui de Capgemini et qu'il est donc caduque : direction la prison, le temps qu'ils décident que faire. Trois heures après, le grand chef arrive, en s'excusant platement de l'incompétence de ses troupes : « on les paye mal, très fort turnover, l'administration avec les agents les plus bêtes, etc. ! et aussi en me donnant son numéro de portable, au cas où. Désagréable, la prison de JFK est assez sale !

Les seuls enseignements que j'en ai retirés sont que les administrations sont admirablement pensées, parfois trop complexes pour leurs propres agents, et que, malgré une tentation forte de s'enflammer, garder son calme reste la meilleure des tactiques. Cela s'applique aussi aux agents de sécurité des aéroports.

L'annexe, mon petit Vademecum des pays, est une série d'observations et d'anecdotes par pays. Ce sont juste des observations personnelles, liées à mes expériences par définition partielles et parcellaires, sans volonté d'en définir une loi universelle. D'une manière plus journalistique, je vous recommande vivement la lecture d'un ouvrage écrit avec alacrité et précision par un journaliste anglais, au cœur de la communauté européenne : « We Europeans » par Richard Hill, aux éditions Europublications, première édition en 1992, puis seconde après élargissement en 1997. J'ai beaucoup offert ce livre, notamment aux américains, pour qui l'Europe vue d'outre Atlantique est un continent uni.

5.2) Faire fonctionner une équipe internationale

Très tôt, j'ai été immergé dans des équipes internationales notamment chez Total, au The MAC Group, chez Gemini Consulting, chez Capgemini, puis Ares & Co et zeb, et, j'ai pu observer les incompréhensions et les difficultés. Malgré toute la bonne volonté de chacun, inévitablement, ce qui est différent dérange.

En matière d'équipe internationale les différences sont nombreuses, la langue, la manière de penser, les contextes culturels, éducatifs, administratifs, et les comportements. La liste est longue, mais mettre dans une équipe des anglo-saxons, où il est particulièrement civilisé de ne jamais hausser le ton (sauf au pub), avec des latins du sud de l'Europe où une bonne enguelade fait quotidiennement partie d'un bon dialogue, sans précautions, cela peut mal se passer.
Il est indubitable que s'il n'y a pas un peu de curiosité et d'envie de comprendre et de passer les différences, la symbiose est plus délicate.

Au fil du temps, je me suis forgé une conviction que faciliter la compréhension au sein d'équipe internationale est une résultante d'une série d'initiatives qui la façonne. Se mettre debout sur l'estrade et proclamer :« soyez internationaux et sensibles aux différences » est un exercice inutile. Tout comme d'ailleurs la plupart des cours des meilleures Business Schools sur le sujet, pas parce que le contenu est pauvre, bien au contraire, mais parce qu'il n'entre pas dans ce qu'il faut modifier des comportements. Néanmoins, je vous recommande la lecture du livre d'un de mes compères, Jo Owen, Global Teams, FT Publishing.

La plupart des collaborateurs et des manageurs ont de l'international une expérience très partielle, avec des séjours linguistiques à l'étranger, des échanges universitaires (type Erasmus), et évidemment des voyages. Pour créer des équipes internationales, c'est un bon départ, mais ce n'est pas suffisant. En effet, pour souder une équipe et installer la confiance, il faut aller au-delà des apparences.

Chez Capgemini, j'avais mis en place un ensemble d'éléments pour parvenir à cette cohésion et efficacité commune. Je ne prétends pas ici avoir une « recette universelle », juste un témoignage d'une expérience réussie, pour 32 pays, une cinquantaine de nationalités sur trois continents.

La politique que j'ai mis en place tient en 4 principes :
1) Souder sur des objectifs définis en commun
2) S'assurer d'engagements réciproques
3) Développer un bon niveau d'intimité
4) Jouer régulièrement sur les différences culturelles

Cela parait probablement simple voire simpliste. L'objectif est que tout le monde se sente « International », il n'y a pas les équipes nationales et un groupe « global », cela doit être aussi imbriqué que possible. Bien évidemment pas pour tout le monde, tout le temps.

1. Souder sur des objectifs définis en commun

Dans le secteur global, FS de Capgemini, j'avais construit avec les patrons des grands pays une stratégie qui tenait en 3 slogans :
a) Focalisation sur l'accroissement des parts de marché dans les grands comptes #
b) Focalisation sur l'accélération de notre pénétration dans quatre sous-secteurs (Retail Banking, Assurance, Paiements et Gestion privée/Gestion d'actifs)
c) Focalisation sur un Marketing de proximité

Cette stratégie est construite à partir des réalités de chaque pays et des potentialités de développement. Les grands comptes représentaient déjà 50% du revenu et les quatre offres plus de 75%. En impliquant les plus petits pays, cette stratégie est devenue notre ligne guide, et a permis une croissance de plus de 15% par an. Evidemment il y a aussi des travaux sur le positionnement en matière de complétude de l'offre, des prix, de la qualité du delivery, etc.

Ici, le process de cette construction, revue régulièrement, était de souder sur des objectifs communs et structurants, de permettre à chacun de contribuer, d'innover.

2. S'assurer d'engagements réciproques

Le point 1 est structurant, mais le point 2 est un acte de foi qui le renforce.

L'illustration des engagements réciproques est assez simple à expliquer : la grande banque X est basée à Paris, la grande banque Y est basée à New York, et chacun a des activités en France et aux US, donc les équipes de compte vont être partagées avec des objectifs communs, dans les pays.

Je ne voulais pas d'équipes de comptes internationaux dédiées, toujours en avion, déconnectées des équipes locales. Il n'y a pas deux classes de citoyens, ceux qui s'occupent des grands comptes et les autres. De plus, les problématiques d'une banque internationale dans un pays donné ne sont pas très différentes de celles d'une banque plus régionale.

Pour les offres, en construisant sur les forces de chacun, les patrons de pays avaient aussi la charge d'une partie des offres, globalement, et chacun avait une responsabilité pour les autres. Par exemple, les Français pilotaient pour tout le groupe les paiements, et les Anglais la gestion privée, chacun pilotant avec un bon mix de pays. Les budgets de fonctionnement étaient intégrés dans les comptes d'exploitation des pays. Cette discipline budgétaire forçait à ce que le budget « global » soit d'abord financé par les pays, ensuite certains des fonds du Groupe servaient à des initiatives, des recrutements ciblés ou à l'innovation.

Ce que je veux mettre en avant est le développement de la coresponsabilité des patrons de pays entre eux pour développer l'activité. Les comptes internationaux sont une application évidente, mais les offres aussi dans la mesure où les problématiques des Institutions financières dans le monde finissent toujours par converger et être, en tenant compte des nuances locales, relativement similaires. La diffusion d'un projet/initiative innovant pour un client aux autres clients a été une source de croissance forte, dans le respect de la confidentialité ; plus la problématique et les solutions que les détails, en fait.

3. Développer un bon niveau d'intimité

Le niveau de confiance entre des individus d'une même équipe dépend de leur connaissance réciproque et de la capacité à prendre des risques ensemble, par exemple défendre des propositions à un client en commun, l'un venant par la connaissance du client l'autre pour la connaissance du sujet.

Le croisement des responsabilités comme décrites plus haut facilite les échanges et la construction d'une confiance. Et là, il ne s'agit pas de savoir si un tel est anglais et l'autre Italienne, mais comment il contribue, quelle est la valeur ajoutée de chacun. Cela crée aussi une émulation.

4. Jouer régulièrement sur les différences culturelles

Les différences culturelles existent, tenter de les gommer en imposant un style global uniforme est pour moi une hérésie. Les objectifs communs et la coresponsabilité créent des liens très forts. Dans mes pérégrinations autour du monde, dans les aéroports, je reconnais sans me tromper à 90 % les collaborateurs de deux entreprises globales et d'origine américaine.

Rome, antique !

Tous les 3 mois, je réunissais les patrons de pays, les patrons des offres, les chargés de compte, et les responsables marketing, plus des invités spéciaux comme des clients. A part un « état de l'Union » stratégique et comptable, l'idée était d'échanger sur les projets en cours et à venir pour développer l'activité.
Ces réunions se tenaient toujours dans un endroit différent. Pour une soirée de détente, un lieu ou une activité était choisie par le patron de pays comme un bon exemple de sa culture, un musée, un palais, un restaurant, un club de foot, une compétition sportive, etc.

L'idée était de promouvoir un « choc » culturel afin de stimuler la curiosité. Il y a toujours des récalcitrants malgré tout. Une anecdote : une fois à Rome, j'avais réussi à louer la Villa Médicis, merci au Directeur de l'époque. L'endroit est chargé d'histoire entre la France et l'Italie, Louis XIV ayant créé cette « académie » pour apprendre des artistes italiens, et cela perdure. L'endroit domine Rome fournissant une vue sublime sur les toits et les clochers. Dans le questionnaire de satisfaction sur la réunion, des commentaires sur la vétusté des lieux m'ont laissé perplexe. Bien faire et laisser dire ! et toujours remettre l'ouvrage sur le métier.

Ces quatre principes ont fait merveille, dans un contexte où il n'y a pas de culture dominante, ou de référence automatique à un modèle. Chez Capgemini, les patrons de pays sont presque toujours des locaux. Il y a d'autres modèles souvent dans des cultures dominantes américaines, indiennes ou japonaises où le patron de pays est un américain, un indien ou un japonais.

5.3) La maitrise des langues

C'est un truisme de dire que la première barrière à l'international c'est la(les) langue(s). Au-delà de la profondeur des connaissances de vocabulaire ou d'exactitude grammaticale, la complexité est d'intégrer que la langue est l'expression d'une culture et de comportements.

3=1+1+1 OU 1+1+1= 3

Par exemple, si vous voulez faire une présentation, dans une conférence interne, ou une discussion avec un client, la manière de la préparer dans un monde anglosaxon ou latin n'est pas la même. Par exemple, si vous voulez affirmer quelque chose, mettons que 3 soit votre solution. Dans un monde latin, vous allez construire la démonstration pas à pas comme 1+1+1=3. A l'inverse dans un monde anglo-saxon, vous allez partir du résultat, et après expliquer pourquoi, donc 3=1+1+1. Les latins veulent une démonstration et choisir d'adhérer à sa logique, les anglo-saxons sont plus orientés initialement vers le résultat que vous cherchez, après votre logique se discute ou s'amende (d'ailleurs aussi chez les latins). Autre exemple, dans les présentations dans un monde anglo-saxon la qualité du joke introductif est perçu comme primordial, en Europe, rester sérieux et avoir un bon niveau de solennité est plus important qu'une bonne plaisanterie.

L'anglais est la langue universelle des affaires. Le monde entier parle une langue qu'on peut appeler anglais, ou Globish, ou si on est britannique un peu méprisant, Pinkglish. Derrière, se cache en fait des langues différentes utilisant la même grammaire (globalement) mais les mots diffèrent significativement, ce qui est très difficile parfois.

Les anglo-saxons eux-mêmes ne se comprennent pas toujours parfaitement. Deux formules illustrent cette difficulté : Winston Churchill (ou Bernard Shaw) parlant des Américains et des Britanniques : « deux nations amies séparées par une langue » ; un de mes ex-partenaires américains qui a longtemps vécu à cheval sur l'Atlantique dit : « les Anglais sont les seuls qui parlent vraiment ma langue mais que je ne comprends pas ! » et, en général, il éclate de rire. La même chose est vraie entre le Castillan (l'Espagnol parlé en Espagne) et l'Espagnol parlé en Amérique latine, et d'ailleurs cela peut être très vexant.

Je parle castillan couramment, et d'ailleurs, les espagnols me demandent souvent si je suis de Barcelone, donc mon accent est assez local. Il m'est arrivé à Buenos Aires de me faire traiter de tous les noms gentiment par un client car il comprenait tous les mots mais pas le sens. En Inde, il y a plus de 140 langues, et l'hindi est différent entre les régions également, c'est une aventure.

Ayant beaucoup vécu en Angleterre, j'ai une déformation presque congénitale : l'accent vous classe immédiatement dans une zone géographique et/ou une classe sociale. Le Queen's English, ou BBC English, est assez différent de l'anglais du Yorkshire ou du Devon dans leurs intonations. Les accents en anglais dans le monde sont très variés et assez reconnaissables, entre un anglais, un sud-africain, un australien, un américain ou un canadien vous savez quasiment tout de suite d'où il vient. Aussi, cette déformation me pousse à m'intéresser à la formation des accents, très curieux, un champ universitaire peu exploré apparemment. Si vous avez des lumières, soyez les bienvenus.

Chapitre 6 : 1+1=3

Les fusions, acquisitions, désinvestissements sont des actes stratégiques courants dans la vie des entreprises. Ces décisions interviennent en complément ou en lieu et place du développement organique. Une littérature abondante et de nombreux articles existent sur les acquisitions (notamment par Philippe Haspeslagh), et, plus spécifiquement sur la difficulté de création de valeur. Les statistiques sont cruelles : plus de 50% des acquisitions sont des échecs. L'objet de ce chapitre est de partager mon expérience sur le sujet. Au cours du temps, soit pour des clients, soit pour les entreprises de conseil, j'ai dû participer à nombre d'acquisitions (ou de cessions), peut-être 80. Cela permet de se former des convictions. De plus, dans les entreprises de service professionnel, comme le conseil, l'actif, la valeur principale, ce sont les hommes et les femmes qui les composent.

Ce chapitre est structuré en trois parties : une première partie sur les facteurs clés de succès, une seconde sur les phases pour une acquisition réussie, enfin, une petite partie sur la discussion avec les banquiers d'affaires et autres intermédiaires.

6.1) Les clés du succès

Les clés du succès sont au nombre de trois :
a)   Compatibilité stratégique
b)   Compatibilité financière
c)   Compatibilité humaine

a)   Compatibilité stratégique

Les acquisitions sont un des éléments de la mise en place d'une stratégie.

Une stratégie est un ensemble d'objectifs et de ressources par rapport à des marchés géographiques, des segments de clientèle, des savoir-faire/compétences, etc.

L'acquisition devient un élément de réponse à une question stratégique quand la croissance organique n'est pas une réponse suffisante, ou, ne fonctionne pas à la hauteur des espérances. Les cas les plus flagrants sont lorsqu'une extension de la présence géographique a été décidée et que la montée en puissance n'est pas assez rapide pour satisfaire des segments de clients par exemple, ou contrer un mouvement d'un concurrent. Également, l'acquisition d'un nouveau savoir-faire ne se réalise pas totalement et ne se traduit pas en nouveau produits/services. Décider de réaliser une acquisition est donc un choix pour accroître potentiellement la vitesse et la réalisation d'un objectif stratégique.

A l'issue de cette réflexion, la cible d'une acquisition est clairement définie, en taille, croissance, présence géographique, types de savoir-faire, type de ressources humaines, type d'actionnariat, etc. A priori également, une première estimation du prix est disponible.

Les départements de stratégie des grandes entreprises suivent, dans la plupart des cas, des concurrents ou des compagnies qui pourraient compléter le portefeuille d'activité pour résoudre un problème stratégique. Dans ce contexte, les caractéristiques des cibles potentielles sont connues. Néanmoins, il peut arriver que tel ou tel dans le management ait son idée sur une cible.

Il y a un autre intérêt à disposer d'une trame stratégique solide, en particulier pour convaincre la cible. En effet, il y a des acquisitions qui peuvent se faire en Bourse de manière hostile ou agressive, et cela correspond ensuite à un type de management de l'intégration conduisant à se séparer de l'« ancien» management, cela est incompatible avec les entreprises de service professionnels, où les premiers actifs sont les ressources humaines. Le discours stratégique est aussi une « arme » de motivation, pour convaincre que la trajectoire peut être plus rapide aussi pour la cible potentielle, tant en matière de pénétration de marché que financièrement pour les dirigeants et les actionnaires.

Il y a deux grands types d'acquisition, les transformationnelles et les autres. Par exemple, Kanbay était une acquisition chez Capgemini pour la division Services Financiers, et n'impactait que celle-ci. Au contraire, l'acquisition de E&Y Consulting qui doublait le chiffre d'affaires de Capgemini et rééquilibrait le mix d'activités vers les US était un changement profond de nature de Capgemini. L'analyse des cibles selon une trame stratégique solide est un outil de référence qui est parfois absent. Certaines acquisitions, sous la pression des marchés, des investisseurs, des banquiers d'affaires ou parfois des managers eux-mêmes sont faites dans la précipitation, et la focalisation est surtout liée à la transaction elle-même et assez peu sur les objectifs de la trajectoire future.

b) *Compatibilité financière*

Les acquisitions sont onéreuses non seulement financièrement mais aussi en termes de temps que le management doit y consacrer. Il n'était pas inhabituel qu'une acquisition de taille significative chez un de nos concurrents implique une moindre présence dans le marché des commerciaux et des managers de ce concurrent.

L'équation financière d'une acquisition doit donc se regarder, certes sur les critères habituels de cash-flow, de rentabilité future, de compatibilité des survaleurs éventuelles avec le bilan, et, des risques, mais aussi dans par une évaluation de la perte potentielle de part de marché due à une focalisation plus interne qu'externe. Les déclarations, entendues lors d'annonce de fusion, ou d'acquisition, comme « 1+1=3 » sont optimistes, déjà si cela fait 2 c'est un succès ! Quel sera le niveau de déstabilisation, tant pour l'acquéreur que pour l'acquis ? Il y a des modèles pour cela, mais c'est aussi une affaire de jugement. Par exemple faire une acquisition pour une entreprise qui est en difficulté, ou au milieu d'un plan de restructuration, n'est pas forcément une bonne idée. C'est de loin plus facile de fusionner ou de rapprocher deux entités qui marchent bien que si l'une des deux ou les deux sont en « transformation », même s'il peut y avoir un intérêt financier évident à court terme.

Le prix d'une acquisition est une chose, le prix de l'intégration, qualitativement et quantitativement, est un élément à ajouter. D'expérience, il est très difficile de renoncer à une acquisition qui peut présenter des atouts stratégiques majeurs tout en comportant un risque financier ou opérationnel trop élevé. Certains disent que les opportunités ne passent pas deux fois, ce n'est pas toujours vrai. Si quelqu'un est prêt à vendre, il le sera pour un moment, et les conditions de marchés et financières changent vite.
Par ailleurs, si les conditions d'une bonne équation économique et opérationnelle ne sont pas réunies pour vous, elles ne le seront pas plus pour d'autres, sauf exception s'il y a un meilleur talent de négociateur.
Autrement dit, si un des concurrents mène à bien cette acquisition, il est probable que les difficultés qui ont été identifiées soit pertinentes pour tout acquéreur.

Les exceptions sont liées à de nouveaux entrants sur le marché, mais s'ils le payent trop cher alors les prix devront augmenter pour pallier le défaut initial de rentabilité ou anticiper les risques. Cela peut être une bonne nouvelle. Les meilleures acquisitions, ou cessions, sont souvent entre concurrents directs car les synergies sont réelles sur la base de clientèle, sur les fonctions support, et en supprimant un concurrent le marché change.

La grande bouffe

Un exemple d'acquisition à haut risque fut l'OPA faite par Fortis sur ABN Amro au début de 2007. L'idée stratégiquement robuste était de créer une banque pan européenne avec des positions fortes notamment en Belgique et aux Pays-Bas. Un des actionnaires activistes ultra minoritaire (1%) d'ABN Amro harcelait les manageurs.
Financièrement l'acquisition était un « gros morceau » pour Fortis puisque le prix correspondait à plus d'une fois ses fonds propres, 71 milliards. Donc, Fortis fait un deal avec RBS qui prend la partie de banque des entreprises d'ABN Amro et avec Santander qui rachète l'entité italienne que ABN Amro venait d'acquérir en Italie (Antonveneta), donc une structure d'acquisition compliquée. La transaction est finalement conclue en Novembre, au moment où la crise des subprimes éclate.

Conclusion des courses : Fortis est racheté par BNPParibas en un weekend en injectant plus de 50 milliards de liquidité.

ABN Amro est nationalisé au Pays bas, tout comme RBS au Royaume-Uni (et l'est toujours d'ailleurs en 2020). Santander a fait un aller-retour en revendant Antonveneta avec un profit de 2 milliards.

Ceci est un bon exemple, certes exceptionnel, d'une bonne idée stratégique, totalement dévoyée par un montage financier, imaginé par des banquiers d'affaires astucieux, et, totalement disproportionné avec les capacités de l'acquéreur, un management collectif anxiogène et une anticipation irréaliste des risques. Les conséquences pour les entités ont été tragiques (Fortis, ABN Amro, RBS) et d'autres en sont sortis plus favorablement, notamment Santander. BNPParibas a su, grâce à une agilité remarquable, tirer parti de la situation.

Dolly le clone

Dolly est le nom du premier mouton cloné par les universitaires d'Edimbourg. Fusionner deux banques est un exercice compliqué qui prend du temps, malgré tout assez bien connu et dont les résultats sont maitrisables, avec les méthodologies adéquates. Dans le cas d'ABN Amro, au cours de l'OPA de Fortis, la banque devait être coupée en deux, selon un principe simple à énoncer : la banque de grande entreprise pour RBS et le reste chez Fortis.
Le diable est dans les détails : par exemple, où commencent et finissent les grandes entreprises est compliqué à définir. Par ailleurs, pour les systèmes d'information, c'est un cauchemar. Dans une fusion, le sujet est déjà compliqué et repose sur trois options théoriques : la fusion est basée sur le système d'une des entités, un « best of breed » et enfin un système totalement nouveau. Dans une séparation, où il faut récupérer les historiques, de tous les produits et services, comment s'assurer de la complétude ? Après moults réflexion, le plus « simple » était de copier/coller, ou cloner, le système existant dans son intégralité pour s'assurer d'une bonne continuité opérationnelle et des données, du coup le projet s'était appelé Dolly. Une séparation est, à l'expérience, bien plus compliquée qu'une fusion, dans le monde bancaire s'entend.

c) Compatibilité humaine

Même sur les mêmes marchés, avec les mêmes types d'offres de services, les mêmes types de recrutement, les entreprises peuvent avoir des cultures radicalement différentes. Leurs caractéristiques sont illustrées par des exemples parmi d'autres, comme l'éthique commerciale, les modes de prises de décisions, et les mécanismes de promotion.

Les différences d'éthique commerciale sur les types d'engagement en sur-promesses sont incompatibles avec des éthiques basées sur un engagement de résultat partagé ; ce n'est pas la même entreprise si les commerciaux sont rémunérés sur les ventes ou sur la rentabilité d'un contrat une fois réalisé. Les modes de décisions de type dictatorial « je suis le chef, je décide », ne sont pas compatibles, et ne nécessitent pas les mêmes ressources humaines que des modes consensuels. Les deux fonctionnent mais sont difficilement miscibles.

Si les promotions se font réellement au mérite ou en fonction d'une forme de népotisme, ce n'est pas non plus compatible. Cette appréciation n'a pas d'influence sur la valeur financière intrinsèque, mais plutôt sur les précautions futures en termes d'intégration.

Clairement, la connaissance des modes de fonctionnement est difficile à appréhender de l'extérieur, mais il existe aujourd'hui, grâce aux réseaux sociaux, des pistes d'information, malgré l'aspect superficiel et parfois suspects des commentaires. Conforter des impressions en rencontrant d'anciens collaborateurs ou des candidats potentiels sont de bonnes sources complémentaires d'information.

6.2) Les phases

Les acquisitions se déroulent en trois grandes phases, l'identification ou le screening, la négociation et enfin la phase d'intégration. Il y a bonnes références sur ces phases, ainsi mon propos est d'illustrer mon expérience.

Ces trois phases sont de nature radicalement différente dans leurs durées, leurs contenus et dans les compétences nécessaires. Elles sont liées par les objectifs stratégiques et financiers définis préalablement (normalement) qui servent de fil rouge.

Le succès d'une acquisition ne se mesurant vraiment qu'au bout d'environ 3 ans, la vigilance permanente sur les objectifs initiaux est cruciale.

6.2)1. Screening

L'identification des cibles est un exercice pour une entreprise, post start up, normalement assez courant. Les occasions de discussion avec une cible potentielle se présentent relativement fréquemment soit par les collaborateurs, soit par les clients ou par les intermédiaires (comptable, banque d'affaires), ou par les rencontres directes des concurrents. Il est courant qu'un dirigeant d'entreprise ait en ligne de mire un portefeuille d'entreprises « en observation », soit parce qu'ils sont ses meilleurs concurrents, des innovateurs, et ou des entreprises recommandées par des clients, etc.

La difficulté de cette phase est de savoir « raison garder ». Les conditions à réunir pour réussir des acquisitions du côté de l'acheteur, comprennent outre l'aspect financier et la disponibilité du management. Aucune acquisition, quel que soit sa taille, n'est anodine. L'autre condition est de savoir s'arrêter, reconnaitre qu'une idée est belle et bonne, mais peut être trop ambitieuse ou couteuse, ou, que l'entreprise n'est pas encore assez mature.

Gribouille

Une anecdote, et c'est loin d'être un cas unique : un dirigeant d'une banque rencontre lors d'une discussion d'un pool bancaire une banque plus petite, ils se « plaisent », se disent qu'il serait bien de se rapprocher. Instruction est donnée de préparer un dossier d'acquisition pour le conseil, qui l'approuve, après une due diligence rapide.

Un an après, le dirigeant m'appelle et me dit : « l'acquisition ne produit pas les résultats escomptés, et pourtant ce sont des gens bien et leurs réseaux sont formidables, allez voir ». Un fois vu, un des éléments essentiels du diagnostic reposait sur la méconnaissance de la base de clientèle très différente de celles de l'acquéreur, donc les synergies étaient très difficiles. L'amitié des dirigeants ne produit pas ni spontanément ni seule des synergies tangibles.

Prends l'oseille et tire-toi !

La précipitation des vendeurs est parfois une indication d'une difficulté cachée. Nous faisions un travail sur des acquisitions en Europe pour une grande banque. Un intermédiaire nous avait approché pour une banque de crédit à la consommation, mais disait avoir des acheteurs prêts à signer. Les rumeurs de marché n'étaient pas excellentes, et le pedigree des dirigeants un peu « gris ». Pour nous convaincre d'avancer, le vendeur et son commissaire aux comptes, nous organise un rendez-vous avec le Gouverneur de la Banque Centrale de ce pays.
Celui-ci nous assure de l'intégrité des dirigeants, de la solidité et viabilité de la cible. Affaire conclue donc peu de jours après ; désastre financier une année plus tard, le Gouverneur et le commissaire aux comptes avaient des parts dans l'affaire qui périclitait, et se sont retrouvés en prison.

A l'inverse, une grande banque de la place a décidé d'une acquisition majeure en un week end, car le moment était favorable. Cela faisait 3 ans que les équipes tenaient un dossier d'acquisition sur la cible, actualisé toutes les semaines. La conjonction d'une valorisation adéquate, due à des événements de marché (comme ils en arrivent toujours), de l'urgence du besoin du vendeur lié à l'inquiétude des actionnaires, une crise de liquidité, et, des travaux d'approche des dirigeants de l'acquéreur ont rendu une décision en un weekend faisable.

Outre un bon contexte stratégique, une bonne acquisition nécessite un niveau de préparation adéquat pour comprendre la cible et estimer les risques. Il est aussi assez courant de recevoir des dossiers d'acquisition par des intermédiaires. Comme une entreprise peut être à la recherche d'acquisitions autant il est courant qu'elle puisse être identifiée comme un acquéreur potentiel. Sous contrainte de confidentialité, vous recevez d'abord le teaser puis le dossier complet. Il faut toujours regarder car si vous avez été identifié, par des gens sérieux, c'est qu'ils ont un raisonnement de l'intérêt pour vous de la cible, auquel, peut-être vous n'avez pas pensé. Les meilleurs dossiers viennent souvent des entreprises de Private Equity.

6.2)2. Négociation

La négociation contient au moins deux phases : l'approche et la négociation elle-même.

L'approche est une phase à durée indéterminée. Une cible a été identifiée, et il faut déterminer comment agir. Faut-il contacter les dirigeants, les actionnaires, le faire savoir par la presse ?

Dans les entreprises de services, une acquisition hostile est difficilement envisageable car l'actif principal qui gère les clients et les savoir-faire, ce sont les hommes et les femmes. La manière d'approcher peut déclencher un intérêt ou tuer le deal. Gérer les egos des actionnaires et des dirigeants est souvent un exercice délicat.

Comprendre la raison motivant des consultants, autonomes et prospères jusqu'à maintenant, à potentiellement se vendre est crucial. Les raisons classiques, outre l'aspect financier qui est toujours présent même si souvent dénié, tournent autour de sujets stratégiques comme pour atteindre des paliers de masse critique, des moyens différents de ceux actuels sont nécessaires, l'accès à l'international est important pour leurs clients ; des raisons liées au fonctionnement du partenariat peuvent émerger comme un des partenaires historiques veut prendre leurs retraites ou faire autre chose, la valorisation et la liquidité sont des points de discorde ; les partenaires sont en conflit et veulent « sortir par le haut » en intégrant un groupe plus grand en taille, en faisant une plus-value au passage. Evidemment, il peut y avoir une combinaison de ces raisons, mais en général une domine. Pour une bonne stratégie d'approche, bien identifier la motivation détermine la méthode.

Tu me valorises ?

Quand Capgemini a approché The MAC group, il y avait un projet stratégique fort, être le fer de lance de la transformation de Capgemini dans sa montée en gamme et en complexité de projets.

Par ailleurs, quand j'avais été élu partenaire, The MAC Group venait de faire, suite à une crise financière globale, une très mauvaise année, donc j'avais emprunté pour payer mes parts... et voilà, un beau projet stratégique dont nous aurons la charge, une entreprise en croissance et solide, qui propose plusieurs multiples de mon capital. Ils offrent donc une perspective, une plus-value significative et un prospect de stabilité financière. Les partenaires ont voté à l'unanimité en faveur de Capgemini. Comme partenaire d'autres sociétés de conseil, j'ai pu constater des approches plus maladroites : « Vous êtes trop petits, venez chez nous, on ne paiera que le capital ! Soit 10% du prix du marché ou « On ne va pas vous acquérir mais vous embaucher, mais pas tous ! »

Ma marque à moi !

In fine, l'aspect « what 's in it for me, myself and I » est le plus important dans le processus de décision. Pour les entreprises de services professionnels, si l'aspect financier n'est pas hors cadre, ce qui compte le plus est la perspective de continuer à s'enthousiasmer pour son job dans un environnement motivant. Les consultants qui ont créé leurs « boutiques » sont en général très fiers de leur marque, du nom de leur entreprise. Il y a donc une sensibilité, une émotivité forte à la préservation de la marque, du moins pour un certain temps. D'expérience, c'est un faux problème. La relation avec un client est très intuitu personae, la relation est personnelle, et de nombreux clients sont attachés à la relation avec son partenaire, pas trop avec la marque, même si dans de nombreux cas cela peut être une « réassurance ». Personnellement, j'ai opéré sous au moins 6 marques différentes de conseil avec des relations clients qui durent depuis plus de 25 ans. Le changement de nom n'avait pas d'incidence, le client étant plus préoccupé par savoir si le changement était positif pour moi, si cela changerait quelque chose pour eux, quels bénéfices éventuels ils pourraient en tirer.

Une fois le principe accepté de négocier, il y a plusieurs aspects à gérer. L'aspect technique est généralement le plus consommateur de temps mais « technique ». Classiquement, il y a une partie comptable, basé sur les audits, une partie juridique et fiscale, les contrats clients et les engagements administratifs, (contrats des collaborateurs, contrats des partenaires, engagements sur des locaux, etc.). La partie de la valorisation est d'abord un exercice de simulation et de compréhension de la dynamique future. Ces simulations permettent de comprendre quels sont les paramètres pour établir un prix. Accessoirement, la valorisation d'une entreprise change significativement en fonction du profil de l'acquéreur, donc il y a une valeur intrinsèque, un multiple des ratios standards, et une variation en fonction des caractéristiques de l'acquéreur, des synergies, des risques sur les parts de marché, de pertes de savoir-faire, etc.

Ensuite la négociation prend un tour plus managérial sur deux grands aspects ; la négociation du prix associé à son mode de paiement, et, le processus futur d'intégration. C'est un process itératif avec le management de la cible qui peut prendre autant de tours que nécessaire.

Je n'ai pas de prix !

La discussion sur le prix est pleine de chausse trappes. En effet, la première pierre à poser est de comprendre quel est l'écart entre le prix attendu par les vendeurs et par l'acheteur. Quel est le degré d'irréalisme des vendeurs, quelles sont leurs attentes et pourquoi ? Par définition leur bébé est la huitième merveille du monde, et cela n'a pas de prix ! Si l'écart est trop grand, il faut savoir s'arrêter.

Sinon, la discussion peut démarrer sur les modalités, qui peuvent comporter des up-sides. La manière courante de faire pour les sociétés de service est de payer une grande partie du prix (typiquement 30 à 50%) à la signature du transfert des actions, et de prévoir des paiements différés du solde, dits « earn out », sur les deux (ou trois) années suivantes en fonction de l'activité réelle. Les vendeurs ont donc intérêt à faire feux de tout bois pour maximiser la valeur et c'est l'intérêt de tout le monde. De plus, le mécanisme permet de fidéliser pour un temps les vendeurs et, leurs collaborateurs clés. En pratique, ce mécanisme qui parait vertueux et « malin » ne va pas sans difficultés opérationnelles. Sur la quarantaine d'acquisition réalisées chez Capgemini, peut-être 2 ou 3 sont vraiment allées en suivant ce principe jusqu'au bout. En effet, l'acquisition correspond à un objectif stratégique à mettre en œuvre le plus rapidement possible, mais qui n'entre pas dans le calcul de la valeur intrinsèque de la cible. L'acquéreur souvent confie des rôles nouveaux aux ex-partenaires qui se trouvent moins impliqués dans le quotidien de leurs ex-entreprises. Si d'autres acquisitions interviennent entre temps et que vous voulez les fusionner, comment identifier la performance de l'entité d'origine ? Le plus simple est de définir un prix fixe, et de le payer en earn-out étalés dans le temps. De toute façon, au bout d'un certain temps, l'acquéreur a une opinion sur le futur des ex-partenaires dans sa structure, et vice-versa.

Take over ou reverse take over

La discussion sur le processus futur d'intégration permet d'éclairer les motivations des dirigeants sur leur projection dans un rôle futur, et de mieux comprendre ce qui les motive. La question délicate est toujours celle de leur future hiérarchie, ou pas.

A priori, il y a deux idées simples ; les dirigeants des acquis se retrouvent au sein d'une plus grande entité mais sous le management de l'acquéreur, ou ils en prennent le lead eux-mêmes. Parfois, cela pose un problème pour l'acheteur : les acquis veulent une position de management sinon rien ne se passera, alors pourquoi devrait-on « sacrifier » les manageurs actuels pour les acquérir ? Vient alors une troisième option : puisque la décision d'affirmer un lead peut vexer tout le monde, il vaut mieux ne pas la prendre et les nommer co-lead, cela ne vexe aucun des egos. A l'expérience, à part si l'un des deux co-lead veut partir au bout d'un certain temps (par exemple, deux ans), cela ne peut pas être efficace durablement, principalement pour des raisons de leadership, de mode de décision et de loyauté.

La discussion sur le plan d'intégration dans cette phase de négociation doit être approfondie, et claire pour tout le monde. J'aime bien des plans cadencés par des échéances du type : à 100 jours, à 300 jours et à 1000 jours. Cela rythme les engagements, clarifie les objectifs mesurables intermédiaires et donne une perspective aux collaborateurs des deux côtés.

Une bonne négociation comprend donc une proposition financière, des calendriers, des engagements réciproques et un plan d'intégration. Il arrive qu'il n'y ait qu'une proposition financière.

6.2)3. Intégration

Les méthodes d'intégration et les sujets à traiter sont bien connus. Ce n'est pas le propos de les détailler ici. En revanche, je voudrais insister sur les aspects plus humains de ces fusions que j'ai vécues, et parfois douloureusement, lors de la vente des partenariats auxquels j'ai participé, et lors de fusion.

Au cours du temps, quelques convictions se sont construites :

-        Dans les premières périodes, quel que soit la taille des entreprises, chacun des corps sociaux pense que l'autre lui est largement inférieur. « Nous sommes géniaux, vous n'êtes pas dignes du marché, ni de nous » et d'ajouter : « c'est pour ça que vous nous achetez ou c'est pour ça que l'on vous a acheté ». Il y a un peu d'aphorisme communiste dans ces discussions ; « ce qui à moi est à moi, ce qui est à toi est négociable », des deux côtés,
-        Une fusion n'est vraiment consolidée que par la suivante

Ce qui à moi est à moi, ce qui est à toi est négociable

La violence des propos entendus lors des fusions est parfois hallucinante et très contre-productive. Chez ABN Amro, 20 ans après leur fusion, il y avait toujours les gens ABN et les gens Amro avec leurs clans et leurs réseaux. C'est très courant. Parfois, quand c'est le management de l'acquis qui est à la tête, sans supervision active du top mangement de l'acquéreur, un « reverse take over » (fusion à l'envers) se produit assez souvent et des purges peuvent se produire.

Pour gérer une fusion « harmonieuse » dans un environnement de marché normal, en supposant que les sous-jacents stratégiques sont justes, et que les arrangements financiers permettent un dialogue immédiat, il est nécessaire de passer à une phase active de dialogue et de compréhension.

Deux phases de ce dialogue sont indispensables : compréhension et construction.

La phase de compréhension a comme objectif que chacun des deux côtés comprennent les forces des « autres ». Deux sujets majeurs sont à mettre en exergue : la base de clientèle et les offres/services à travers les projets réalisés ou en cours. Dans cette phase de découverte, l'idée majeure est de montrer par les réalités quotidiennes les réalisations de chacun, que les équipes se connaissent, et, commencent à s'apprécier. Des actions concrètes de coopération immédiates émergent assez facilement. Si le contexte stratégique est pertinent, alors la compréhension des raisons de cette acquisition doit être apparente. Cette phase est plus ou moins longue en fonction de la complexité, de la couverture géographique, et, de l'état d'esprit. Parfois, il est nécessaire de rassurer les collaborateurs clés sur leur rôle futur, et de les promouvoir comme promoteurs des actions possibles. Pour les patrons, il est critique de juger si le niveau de compréhension permet de passer à la deuxième phase.

La phase de construction doit commencer par une affirmation forte du management : « les entreprises dont on vient chacun séparément, dont nous sommes à juste titre fiers, quel que soit leurs forces et leurs faiblesses n'existent plus. Ces belles histoires sont finies ! C'est aussi le début d'une nouvelle aventure à construire en commun pour le bonheur de nos clients, de nos collaborateurs et de nos actionnaires. Voilà les prémices d'un plan stratégique qui doit aboutir à une entreprise différente forte des compétences de chacun et une charte de fonctionnement »

Le message implicite, ou explicite, est : « il n'y a plus de place pour dire : « c'était mieux avant », ni pour ceux qui ne veulent pas jouer le jeu ». Une bonne fusion des esprits et une construction commune solidifiée prennent entre deux et trois ans.

Par ailleurs, ce qui m'a toujours « soufflé » c'est la rapidité à laquelle les choses se retournent avec une autre acquisition. Pendant au moins trois ans, lors de la fusion entre Gemini et Bossard, la bagarre quotidienne était constante sur les objectifs et les priorités, mais avec de vrai succès de marché/clients et une augmentation très significative des taux journaliers. Le jour où Capgemini a acquis E&Y Consulting, les ex-Bossard et ex-Gemini ont trouvé un « ennemi » commun solidairement et immédiatement. Pour finir une fusion, faites-en une autre !

Raminagrobis

Sur le plan personnel, l'acquisition de RPA par The MAC Group était très facile car intégrer un groupe de « profs » et de grands professionnels du conseil de Direction Générale était un booster incomparable. De plus, le fonctionnement du partenariat était, quoiqu'un rien brouillon, très dynamisant, consensuel, solidaire, et exigeant. La fusion pour créer Gemini Consulting avec United Research (UR) et Gamma International avait un sens stratégique puissant : financer la transformation stratégique par l'amélioration opérationnelle et un levier sur les systèmes d'information.

La difficulté est que les cultures entre The MAC Group et UR étaient radicalement différentes, d'un côté des consultants congénitalement solidaires en symbiose avec le monde académique, ouvert aux idées nouvelles, et de l'autre, des ex Marines ou GIs rémunérés sur le niveau de réduction de coûts effectivement réalisé, évidemment une culture hiérarchique, militaire. Le clash a été douloureux d'autant plus que des earn-outs étaient en jeu. Le résultat a été, malgré tout, un formidable succès, mais avec beaucoup de démissions. La fusion avec Bossard a été plus douce car les modes de management étaient plus compatibles.

La fusion avec E&Y Consulting changeait beaucoup la donne en répartition géographique des activités et en accélérant le basculement vers un culture anglo-saxonne.
Le problème de la fusion était le manque d'autonomie commerciale des Partners d'E&Y, même si leurs compétences techniques et de gestion de projets étaient excellentes. Il y avait un écart entre les attentes financières de leur part et le résultat mesurable. En plus la crise de 2002 n'a pas aidé. La fusion pour l'activité Services Financiers, avec Kanbay a été gérée avec l'expérience acquise, ont été presqu'un sans-faute. Le caractère américano-indien conciliant et bienveillant des gens de Kanbay et le besoin d'une forte présence indienne pour Capgemini, a été un catalyseur naturel. J'ai aussi appris au cours du temps, comment dans ces fusions, laisser passer l'orage initial des egos et des escarmouches, rester sur le fond et les clients, pour retomber sur ses pattes. Il m'est arrivé de dire : « la première fusion a été atroce, la deuxième difficile, mais produisant des résultats, à quand la suivante ? ». Il y a toujours un choix : se soumettre ou se démettre, mais si le projet fait sens pourquoi partir ?

6.3) Gérer les banquiers d'affaires

Les banquiers d'affaires sont des partenaires assez courant des fusions acquisitions mais pas indispensables. Certaines entreprises ont des départements de M&A suffisamment structurés pour s'en passer, aussi bien dans le screening que dans la négociation. Il y aussi généralement un corpus de méthodologie éprouvée d'intégration.

Comme consultant, j'ai eu le plaisir de travailler avec des banquiers d'affaires dans les phases de Due Diligence (DD) stratégique (vendeur ou acheteur),

Ces travaux, facturés à un client commun, consistent à remettre la cible dans son contexte de marché et d'élaborer des scenarios pour le futur, d'en déduire les rentabilités à venir, selon des hypothèses à discuter avec le vendeur ou l'acheteur potentiel. Ces travaux se mènent en général avec les autres parties de la DD (comptable, fiscal, juridique, RH).

Comme manageur, avec l'aide des équipes M&A de Capgemini, de nombreux banquiers venaient nous proposer des entreprises à acheter, ou chercher un mandat pour identifier des cibles.

Ils font un travail remarquable notamment lors d'acquisition d'entreprises cotées ou de financement d'une acquisition (quoique pas toujours). Leur préoccupation première est de facturer leur commission, et cela amène à des comportements focalisés à cette seule fin. Il faut que cela aille vite ! Peu ont une vraie compréhension stratégique des cibles ou des acquéreurs potentiels. Cela conduit à une non-pertinence de leur grande majorité de leurs propositions, et, parfois amène à se poser la question du niveau de rémunération demandée. Heureusement, il y a des grands professionnels de ce métier qui suivent leurs clients dans la durée (avec ou sans mandat), travaillent en symbiose avec les manageurs, et apportent une réelle valeur ajoutée, et de la créativité. Ils sont peu nombreux.

Les dossiers présentés par les Private Equity (PE) sont en général plus substantiels dans leurs contenus et compréhension stratégique. En effet, pour une bonne période, le PE a été actionnaire, plus ou moins proche du terrain.

Chapitre 7 : Observations sur le management

Les pages basées sur mes expériences proposent des observations, voire des convictions, forgées sur le management au cours des projets ou comme manageur. Le management pour ce propos recouvre tout ce qui a trait à la gestion des entreprises. Ce sont des observations, et non une thèse prétendant définir une loi universelle.

7.1) Les contextes clients

Un jour vous êtes un héros, le lendemain un moins que rien... et vous êtes toujours le même. Chaque manageur a ce sentiment profond d'instabilité. Plusieurs causes peuvent en être à l'origine : des causes externes comme une crise financière, les difficultés de plusieurs clients, les démissions de personnes vues comme critiques, la perte d'un appel d'offres ou d'un projet, des notes d'analystes financiers ; ou des causes internes, votre comité de direction n'arrive pas à se fédérer derrière vous, des rumeurs bizarres circulent, des conflits existent dans certains services, des communications internes sont mal comprises... A contrario, je suis admiratif des manageurs qui se croient infaillibles !

Bref, la vie d'un manageur est une succession d'équilibre et de déséquilibre, dont la fréquence longue est de six mois, et la période plus courte est quotidienne. Serge Kampf et Paul Hermelin m'avaient donné un conseil un jour : « les Anglais disent : when it rains, it pours », Jacques Chirac était réputé pour dire plus grossièrement : « les merd… volent en escadrille ». Autrement dit, une mauvaise nouvelle en annonce toujours d'autres. Paradoxalement, je crois que c'est l'un des meilleurs conseils que j'aie reçus. En effet, quand la journée démarre par une difficulté, la suivante est attendue, donc, « en avant, il faut les résoudre, car c'est juste normal ! »

Conscient de cela, quand je vois un client, je cherche toujours à comprendre, directement ou indirectement, quel est l'état d'esprit du moment. Il y a des contextes, où il n'est pas nécessaire d'essayer de travailler sur des décisions difficiles car les tracas du jour, opérationnels ou politiques, sont prioritaires.

7.2) Le courage et l'insouciance

Les patrons se différencient beaucoup en fonction de leur attitude face un problème, une difficulté. En fonction des circonstances, cela peut varier entre :

- « Je m'y attaque bille en tête, c'est trop grave, il faut le résoudre maintenant, ou du moins mettre en route ce qu'il faut pour agir »
- Comme disait Henri Queuille : « Il n'y a pas de problème insoluble qu'une absence de solution n'arrive à bout »

Le même manageur peut avoir les deux attitudes en même temps sur les sujets différents. La différence de perspective et votre propre évaluation de la situation, dans une position de conseil, peuvent amener à des désillusions. Vous venez voir un client avec une solution à un enjeu de marché, par exemple, la refonte des parcours client dans le monde digital, vous savez que tous ses concurrents s'y attaquent, et que les bénéfices sont nombreux, tant dans l'amélioration de la relation client que de la réduction des couts. Le client vous dit que cela peut attendre. En général, ils savent parfaitement qu'ils doivent bouger. Soit pour des raisons évoquées plus haut (voir 2.8.), soit pour des raisons de politique interne ; il faut réunir une foultitude de personnes impliquées dont ses « ennemis » qui ne voudront pas bouger pour l'aider, soit des raisons de courage…. Ils temporisent jusqu'à cela devienne inévitable.

7.3)   Les types de patron

Parmi mes collègues de chez Capgemini ou mes clients, je crois avoir observé deux types de patron pour leurs équipes. La première version est assez brutale dans le fonds : « si vous êtes vraiment en responsabilité, résolvez vos propres problèmes ; je m'occupe des miens, merci ». La deuxième version est très différente : « si vous avez un problème ou une difficulté que vous voulez discuter, ma porte est ouverte, je suis là pour ça ».
Je suis résolument de la deuxième école, pour plusieurs raisons. Une pragmatique, un problème qui pourrit est plus difficile à traiter lorsqu'il est pris au début, et, in fine, j'en serai toujours responsable ; une autre plus « philosophique », si je suis le patron, il est supposé que je sois plus compétent, parfois vrai, que mes adjoints, et par ailleurs, le travail d'équipe est toujours plus fructueux qu'un travail solitaire, surtout en période difficile.

Il y a une très belle parabole dans les Evangiles, la parabole des talents. Elle postule que si tu es plus « doué » que la moyenne cela donne une responsabilité vis-à-vis des autres supposés moins doués. C'est un point d'éthique qui m'est assez cher, parfois délicat à communiquer sans paraître arrogant ou naïf.

En communiquant cela, il arrive que vos adjoints ne vous croient pas, ils peuvent avoir une réticence à exposer leurs difficultés pensant que la sanction n'est pas loin. Il est clair aussi que le patron n'est pas censé assumer tous les jobs de ses adjoints, donc c'est une matière où les frontières sont floues et affaire de jugement. Si les adjoints viennent vous voir deux fois par jour pour un problème, un doute peut se créer. C'est pour cela que je dis aussi toujours : « amenez-moi un problème, et votre solution suggérée ». Parfois, en construisant une solution par soi-même, le manager tente une résolution tout seul.
Cacher une difficulté, ou ne pas exposer toutes les composantes d'une situation est une faute de management. Dans notre métier, un patron a des indices : un retard de paiement, ou une accumulation de jours non facturés sur un projet, des démissions sur le projet, sont des signes avant-coureurs de difficultés soit sur le projet, soit avec le client. Les projets dérivent pour de nombreuses raisons mais elles peuvent se regrouper en trois grandes familles : une mauvaise compréhension/expression des besoins du clients ; une gestion de projet faible, notamment par le chef de projet ; et enfin une difficulté technique. Tous ces causes ont des modes de résolution spécifiques et bien maitrisés, pour autant qu'ils soient pris à temps.

Des chefs à plumes

Un jour en discutant avec mon chasseur de tête préféré des types de patron, il me dit, très sérieux : « il y a des chefs à une plume, deux plumes et trois plumes.

Le chef à une plume est typiquement un technicien de la fonction, il a progressé par sa compétence qui s'impose à tous. Le chef à deux plumes, a cette compétence et en plus il sait motiver et faire que les équipes se dépassent pour lui. Le chef à trois plumes cumule la compétence, l'adhésion des équipes et, ajoute une gestion très fine des environnements de pouvoir, aux différents niveaux de l'entreprise ». Une autre version des « plumes » est plus prosaïque : dans le rôle d'un manager, il y a trois savoir-faire : faire, faire faire, faire savoir. L'analogie des « plumes » est, d'une certaine manière, une illustration des proportions que chacun met sur ces trois savoir-faire.

En progressant dans les responsabilités, la proportion du temps consacrée à chaque savoir-faire change significativement, et il parfois nécessaire d'y réfléchir posément, notamment en parlant à des coachs, cela peut être son patron, ou un mentor interne ou externe.

Gérer une équipe sur un projet, n'est pas le même exercice que gérer une entreprise ; gérer une entreprise de 400 personnes, ou de 40 000, ce n'est pas la même chose ; gérer une entreprise cotée, ou pas n'est pas non plus le même exercice qu'une entreprise privée. Un œil externe peut aider à comprendre les changements nécessaires dans la répartition de son temps et de son comportement.

Le « faire savoir » comporte de vraies nuances. Il y a l'information normale sur ce que vous faites, l'information pour chercher à croitre dans vos responsabilités, et l'auto-promotion, ou « si je ne dis pas du bien de moi, qui va en dire ? ».

J'ai pu observer de vrais professionnels de la gestion « politique » qui passent plus de temps à tenter de gérer leur carrière, lancer des rumeurs, rencontrer des dirigeants, faire le tour des chasseurs de tête, se vendre comme indispensable…que de gérer leur entité. Il y a des professionnels de cela, en changeant de job tous les 18 mois/deux ans, sans rien avoir prouvé. Parfois, c'est efficace, d'autant qu'ils sont soutenus par des réseaux en dehors de l'entreprise, d'où la floraison de club, association, etc.

7.4) La paranoïa du patron

Je me suis fait agresser verbalement à plusieurs occasions par des syndicalistes sur le thème : « les patrons sont paranos, et vous n'aimez pas le dialogue ».
Parano les patrons ? Oui, je le crois, mais c'est du domaine de l'expression, pas toujours des caractéristiques psychologiques intrinsèques du patron. Conduire une entreprise, c'est définir une stratégie et la mettre en œuvre (voir le deuxième chapitre). Dans la mise en œuvre, un patron doit beaucoup communiquer. Il doit communiquer pour convaincre et entrainer les troupes.
S'il exprime un doute publiquement, les réactions sont immédiates ; « on va attendre qu'il soit sûr », et vous perdez du temps. Intérieurement, vous avez un doute, mais vous ne voulez pas qu'il apparaisse devant un grand public, donc vous l'affirmez avec force, et la perception est que vous êtes obsédé et parano ! Il m'est arrivé très souvent lors de présentation devant des collaborateurs de développer un discours très construit et « mobilisateur » sur notre stratégie d'entreprise, et d'entendre en contre-point une « petite voix intérieure » dire « Tu es sûr ? ». Cela arrivait surtout quand j'avais fait déjà de nombreuses fois la même présentation.

7.5) La dissociation de l'homme et du professionnel

Dans la même veine, le patron doit faire face à une réalité. Il y a votre image (interne et externe) et qui vous êtes vraiment. Par exemple, le secteur des services financiers chez Capgemini comprenait 22.000 collaborateurs quand j'ai quitté le groupe. Ces 22.000 personnes me connaissaient, malheureusement, la réciproque n'était pas vraie. La seule chose qu'ils voyaient de moi, c'étaient les communications internes et externes, et les réunions internes ou avec des clients que je menais avec un certain nombre d'entre eux (le plus possible, mais il n'y a que 365 jours par an), et s'ajoutaient les rumeurs et autres bruits de couloirs. Ainsi, se développe progressivement une image du professionnel.

Rubens, Boucher, le nu féminin…

Pour l'anecdote, mais cela est très difficile à contrecarrer sans vexer beaucoup de gens, la rumeur est que j'avais de nombreuses aventures avec mes collaboratrices féminines… sans l'ombre d'une réalité. C'est assez courant quel que soit le pays. La contrepartie tout aussi stupide est que les femmes du comité de direction avaient forcément eu une « promotion canapé ».

Evidemment, ne rien dire est la seule attitude respectable. Cela n'a été gênant que dans un contexte très particulier, qui lui aussi est assez drôle. Le rapport annuel aux actionnaires du Groupe Capgemini est toujours publié fin avril. Serge Kampf aimait illustrer les rapports annuels avec des tableaux de galeries d'art parisiennes qu'il aimait. Cette année-là (2006), beaucoup de ces tableaux mettaient en valeur la plastique féminine sans atours, artistiquement dévoilée. J'étais responsable, entre autres choses, du secteur financier pour l'Amérique du Nord. Arrivant un lundi matin au bureau de NYC, en face du Rockefeller Center, mon assistante me dit que 3 collaboratrices veulent me voir de toute urgence. Rendez-vous est pris pour le lendemain, j'interroge les autres collaborateurs. Rien ne filtre.

Au début du meeting, les trois collaboratrices, toutes américaines de la côte Est et IVY League, exhibant le rapport annuel, me disent qu'elles vont porter plainte contre le groupe pour dégradation de l'image de la femme et que cela est bien cohérent avec ma réputation (sic). Plusieurs groupes de femmes ont fait les mêmes remarques dans d'autres entités aux US, donc quelque chose avait choqué les sensibilités américaines. Bref, trois jours de palabres à s'excuser et à refaire l'histoire de la plastique féminine dans la peinture classique et moderne...et « Rubens alors, ce n'est pas érotique pour certains ? et Boucher ce n'est pas explicite ? Allez voir le tableau intitulé « l'escarpolette » à la Frick collection ! ». Cela s'est calmé, car sur le fond, rien de leurs allégations n'avaient de sens, mais malheureusement des sensibilités avait été froissées.

Est-il possible de gérer son image de professionnel ? Pour mobiliser les collaborateurs et créer une cohésion, je publiais tous les vendredis une note d'une ou deux pages appelée TGIF, Thanks Goodness It's Friday.

L'idée est de reprendre les évènements de la semaine externes et internes, de célébrer les succès, d'annoncer les initiatives en matière d'offre, de marketing, les résultats, les évènements personnels, etc. J'y exprimais aussi des opinons sur la situation interne et sur les situations de marché.

Toutes les entités me remontaient des infos par la directrice de la communication. Initialement, je ne le diffusais qu'aux comités de direction des 32 entités FS composant le secteur. C'est une astreinte de le faire toutes les semaines. Une fois, je ne l'ai pas fait, s'en est suivi une flopée de mail interrogatif pour savoir si tout allait bien... En fait la diffusion allait bien au-delà des frontières des comités de direction, mais aussi du Secteur. Cela a permis, indirectement, de rapprocher l'image publique de ma réalité, de manière plus approfondie qu'un Tweet ou un WhatsApp.

7.6) Les erreurs

Il est courant d'entendre quelqu'un dire, « Ce x (projet, activité, développement, à vous de choisir) est une catastrophe. Ce gars-là/cette collaboratrice-là est une erreur et un(e) mauvais(e) manageur(e), il faut s'en séparer ! cela résoudra le problème ».

Vous parlez les langues ?

A entendre cela, ma question est toujours : est-ce vraiment de sa faute ? ou est-ce une erreur de management initiale ? A part, quelques rares exceptions de malfaisants, personne ne veut se retrouver volontairement dans une situation d'échec. Donc s'il y a erreur elle est collective.

Par exemple, un client nouvellement nommé est très irrité par la mauvaise performance d'une filiale hors de France, et soupçonne le manager d'incapacité notoire.

Il me demande d'aller faire un audit. Il faut 5 minutes pour comprendre : le patron de la filiale ne parle pas la langue locale, mais il essaie, ce qui est catastrophique, les collaborateurs « gloussent » et n'en font qu'à leur tête. De qui est-ce la faute ? Faut-il se séparer du collaborateur ou de celui qui l'a nommé ? Parfois, la nomination vient du grand patron, alors il faut la jouer fine ! « Un copain d'école ! Forcément, il est compétent », cela vous parait simpliste ? Choses entendues.

Vendeurs de pommes

Je recevais en entretien de recrutement beaucoup de X+ENA, ou des Inspecteurs des Finances, la crème de la crème, en France. Mon test ultime était « J'ai trois pommes dans mon tiroir, pouvez-vous aller me les vendre ? », trois types de réaction : « a) vous les achetez vous-mêmes ? b) je vais y réfléchir, ou, c) ce ne sont pas des choses que je fais ! ». Très révélateur !

Comme disait O.L. Barenton : « quel que soit le mode de recrutement, la proportion d'imbéciles est constante », par imbécilité, il parle de comportement, pas d'une intelligence mathématique ou littéraire. Je vous recommande d'ailleurs vivement la lecture d'un livre formidable appelé « Emotional Intelligence » par Daniel Goleman. Je l'ai offert à de nombreux collaborateurs et clients. La démonstration se situe autour de l'équilibre nécessaire entre le QI (quotient intellectuel) et le QE (quotient émotionnel), évidemment dans le contexte d'une entreprise.

Il est normal, et très sain, de vouloir comme patron, mettre ses collaborateurs dans des positions de risques. Ainsi ils s'enrichissent dans leurs compétences, et tout le monde en bénéficie. La précaution élémentaire est d'estimer la hauteur de la « marche », d'identifier avec eux les risques, de les suivre, et de les encadrer suffisamment pour qu'ils soient à l'aise. Des erreurs, des absences de performances, comme les succès sont la résultante de la rencontre de situation business et de la capacité d'un manageur.

7.7) La gestion up and down

La gestion de ses patrons, et de ses collaborateurs est une activité pleine et entière. Gérer ses collaborateurs est une évidence, inutile de revenir là-dessus. Gérer ses patrons est beaucoup plus compliqué. J'ai eu le plaisir de travailler avec des patrons très impliqués, avec des niveaux d'exigence mêlés d'empathie qui rendaient la vie assez excitante. Les réunions avec eux, à part les figures imposées, contenaient toujours une part de surprises, des questions inattendues, ou des missions spots à réaliser sur des sujets particuliers. Très déstabilisant parfois, c'était plutôt satisfaisant.
A l'inverse, j'ai connu quelques patrons qui ne s'intéressaient qu'aux chiffres, et pas du tout aux enjeux de marché, ou à mes problématiques de management. Horripilant au début, puis après, l'adaptation vient toute seule. Il y aussi des situations où je me suis retrouvé patron de mon ancien patron, à l'occasion de fusion ou de restructurations : délicat, un modus vivendi finit toujours par émerger.

La mode des coachs personnels amène aussi certains collaborateurs à tenter de surjouer la relation avec leurs patrons. Parfois, cela permet de tester des gens, ou c'est tellement mal placé que c'est très contre-productif. Donc, la proportion est difficile à doser et dépend du style du patron et des circonstances. Se mettre dans la peau ou la situation de son patron aide à comprendre ce qui peut l'intéresser, voire l'aider à progresser, lui aussi. Quand des collaborateurs s'interrogent sur leur légitimité d'agir dans des circonstances particulières, une réponse est de savoir si, au lieu de penser que vous marchez sur ses platebandes, cela permet de dégager du temps pour aider son patron à en faire plus. Tout le monde progresse ainsi, ou : « plus je peux faire le travail de mon patron, plus lui peut faire le travail du sien ! »

7.8) La relation avec les analystes financiers

Dans un groupe coté, la vie est partiellement rythmée par le cours de bourse, et, à un certain niveau, par des rencontres avec les analystes financiers. Tout le monde ne pense pas comme Jef Bezos, le patron d'Amazon, que les ignorer est la meilleure des politiques.
Le cours de Bourse peut devenir obsessionnel pour certains, en fonction des actions distribuées dans l'entreprise. Serge Kampf avait l'habitude d'une distribution assez large allant jusqu'aux secrétaires et agents de maitrise. Une assistante comptable, la première fois que je l'ai vue, m'avait expliqué que Serge lui avait donné 5 actions, donc Capgemini était son affaire à elle, aussi, très motivée. Cela étant, il y a aussi les grands calculateurs, ceux à tableurs de calculs, d'hypothèses, qui ne raisonnent que comme ça, beaucoup plus cyniques. Comme quoi, l'équilibre entre motivation et intérêt financier est délicat à trouver.

Selon les recherches universitaires, le cours de bourse est la résultante des informations disponibles sur le marché, des réalités économiques sous-jacentes et celles propres à l'entreprise (version simplifiée). Donc, c'est un équilibre entre vos comptes et les anticipations du marché. Les vecteurs des anticipations des marchés sont les analystes financiers. Ils ont une grande influence sur le cours de bourse par leurs recommandations aux investisseurs.

Il y a deux moments clés dans la gestion des analystes financiers : au moment de la publication de résultats et lors des réunions qui leur sont spécifiquement dédiées. De ma modeste expérience, les analystes ont horreur des surprises, et ne veulent pas être pris à revers de leurs recommandations vis à vis de leurs investisseurs. Pour avoir participé à quelques réunions d'analystes, il y a deux grandes populations : ceux qui suivent votre action dans la durée et comprennent votre entreprise et son marché et les autres envoyés là par « hasard ».
Cela peut créer des dynamiques particulières lors de ces réunions. Les analystes dédiés ont des modèles de prévisions propres à votre entreprise et votre secteur et sont très ouverts à un dialogue détaillé (souvent en petit comité). C'est d'une grande valeur et d'ailleurs comme consultant en stratégie, ils sont des sources d'informations précises, même si le biais est surtout financier.
Si vos résultats sont différents des prévisions, il est impératif d'expliquer les actions correctrices mises en place. Dans les grandes crises, d'effondrement de la demande, par exemple, 1997, 2002, 2007, 2011, la réduction des effectifs est un point de discussion. Dans nos discussions internes, il y a des points de rupture dans la réduction des effectifs, il y a des niveaux où l'essence même de l'entreprise va être attaquée, et la réponse n'est plus la réduction d'effectif, mais le changement d'offres, de modèle. Ce n'est pas toujours facile à admettre, à expliquer en interne, ni en externe.

7.9) Faire carrière

« Faire Carrière » revient souvent dans les entretiens d'évaluation des collaborateurs. Comment faire pour accélérer les prises de responsabilités et la rémunération qui va avec ? Ma réponse type est de dire « les responsabilités viennent naturellement quand vous êtes prêts et qu'un sponsor est décidé à prendre le risque de vous les confier » (voir 3.6) La rémunération suit, mais pas toujours immédiatement. Une part vient de la personne, et une part vient de l'entreprise. L'appréciation de la part personnelle est souvent sujette à discussion, et à clashs. Les opportunités dans une entreprise sont aussi liées à son évolution, par exemple dans les activités de service comme le conseil, sans un bon niveau de croissance (de l'ordre de 15%), il ne peut pas y avoir de promotion naturelle. C'est vrai aussi que des effets d'aubaine existent lorsque plusieurs managers démissionnent et ouvre l'accès à des postes !

L'obsession de certains à ce sujet, et l'auto-appréciation de sa valeur, sont potentiellement sources de conflits qui se terminent toujours par une séparation. Parfois, le patron n'arrive pas à communiquer l'enjeu proprement. Les différentes cultures et personnalités, amènent aussi à des réactions différentes aux feedbacks, certains l'acceptent, d'autres difficilement.

Il est amusant d'observer les obsédés de la progression de carrière (assez faciles à détecter), et leurs calculs, à deux trois ou quatre bandes (comme au billard) pour arriver à leurs fins. Mon observation est que dans 99% des cas, les plans de carrière ne marchent jamais à moyen terme. Le premier coup de la bande peut être réussi, les suivants sont improbables car les situations changent plus vite que les prévisions initiales. Il y a des experts du changement d'entreprise (les anglo-saxons appellent cela « job hopping », jolie image !) et de patrons car ils sont frustrés. Le titre du livre de Jack Welsh, mythique patron de GE, « Manage your destiny, or some else will » a formaté des générations de managers, parfois à bon escient, parfois hors du cadre.

Il ne faut pas être naïf non plus, rien n'arrive sans rien, donc pour progresser il faut en avoir envie et le faire savoir, à bon escient. Il est inutile d'être clair sur ce que sont, pour vous, de vos forces qui vous rendent spécifique voire unique. Par exemple, je réponds à cela : le marché des Banques et assurances, international, conseil, et liaison stratégie/technologie/changement. Champion du monde, of course !

7.10) *De res feminae*

Sujet délicat que celui du rôle des femmes dans le management. En effet, toute opinion exprimée peut être vite déformée et mal interprétée. Dans ce livre, j'ai exprimé plusieurs fois mon besoin congénital de la recherche de diversité. Sans vouloir traiter la gente féminine différemment des autres, j'ai toujours favorisé la mixité. De plus, lentement, je me suis formé la conviction que nos consœurs ont des approches radicalement différentes de celles des hommes en matière de relation humaine et de perspective sur les situations, et c'est très enrichissant.

Parfois, ne serait-ce que dire cela, qui est une évidence, peut créer de vifs débats. Voir les livres Why Men Don't Listen and Women Can't Read Maps: How We're Different and What to Do About it, par Allan Pease et Barbara Pease publié en 2001. Il y aussi John Gray " Les hommes viennent de Mars. Les femmes viennent de Vénus".

Par ailleurs, les comportements de groupe, par exemple les comités projet ou les comités de direction n'ont pas la même dynamique s'ils sont composés de représentants d'un seul genre. Le mouvement constant d'accroissement de la féminisation des hiérarchies, et des conseils d'administration, est nécessaire, et devrait se faire naturellement ; malheureusement c'est loin d'être le cas. Lors des constitutions de mes différents comités de direction, et de leurs évolutions successives, je suis toujours parti du principe d'une parité. Le constat est clair, j'y suis parvenu une fois mais ce fut éphémère. Je n'y suis donc jamais arrivé dans la durée. Il y a plusieurs raisons, de facto non différenciantes entre hommes et femmes, pour un poste donné vous cherchez le meilleur talent indépendamment du genre, dans un contexte où les « gisements » ne sont pas les mêmes.

Le conseil est plus équilibré entre hommes et femmes (60/40 dans les niveaux d'entrée, et 70/30 dans les niveaux plus senior) que l'informatique où les proportions sont plutôt 85/15. Il y a donc statistiquement une part de volontarisme pour obtenir une parité, et, toujours de vrais besoins d'explication (pour les hommes) et d'accompagnement (pour gérer les conditions de succès). Par ailleurs, la nature est ainsi faite, que ce sont les femmes qui accouchent des enfants. Malgré tout ce que vous mettez en place (congé parental pour les hommes et les femmes, crèches au bureau, etc.), les statistiques chiffrées montrent que les mères de famille, sauf quelques exceptions, ne restent pas durablement aux postes à responsabilités.

Je n'ai jamais réussi, à ce jour, à maintenir une parité dans la durée, déception...

Chapitre 8 : La finance en mutation génétique

Le propos de ce chapitre n'est pas de réaliser un manuel de gestion de la banque ou des compagnies d'assurance, il en existe de nombreux très bien faits. J'estime, et c'est une approximation, que j'ai travaillé avec un peu plus de 1000 institutions bancaires ou d'assurances dans le monde, en Europe, en Asie et en Amérique (Nord et Sud). J'ai aussi travaillé pour des associations bancaires, comme la Fédération Bancaire Française, ou des groupes de lobby comme CityUK, etc. Cela donne une perspective différente de celle des institutions individuelles. Enfin, j'ai collaboré avec des régulateurs comme la Banque de France, la Banque Centrale Européenne, ou l'Union Européenne, lors de processus de résolution ou d'approfondissement d'impacts de telles ou telles réglementations. Modestement aussi, avec d'autres, j'ai participé, et parfois influencé, l'un des grands changements dans le monde bancaire pour les paiements par la mise en place du SEPA (Single Euro Payment Area). Ce qui suit consiste en des observations qui me sont propres, voire parcellaires. J'ai choisi de focaliser sur des sujets qui me tiennent à cœur : le risque, les chiffres, les régulateurs, le digital et enfin la relation entre banquiers et assureurs.

8.1) Le risque

La gestion du risque se trouve au cœur du métier des assureurs et des banquiers. Les risques assumés sont néanmoins très différents ; de plus, au cours du temps, lié à la sophistication des marchés de capitaux, des produits/services et de la réglementation, la notion de risque couvre aujourd'hui des concepts très variés.

Le métier des assureurs est de couvrir les risques de leurs clients, dans les limites définies par le contrat : dommage aux biens, automobile, habitation, industriel, risques des dirigeants, etc. Des risques avec des occurrences plus faibles comme les tempêtes ou les tremblements de terre ont des types de couverture et de système de réassurance spécifiques. Les doigts d'un pianiste, les courbes d'une star ou les jambes d'un footballeur font aussi l'objet de contrat spécifique. L'imagination, la technicité et le talent de certain courtiers sont au cœur de ces produits/services. L'assureur doit trouver le bon équilibre entre les risques à venir et le niveau de prix supportable par un client, avec des limitations acceptables. Pour les risques de masses, les études actuarielles sont relativement bien cadrées. J'ai eu le plaisir de travailler pour des assureurs de risques de masse dans de nombreux pays. Il est fascinant de constater les différences de nature de la couverture réelle et des conditions de fonctionnement des marchés. Cela correspond à des cultures, à des comportements, à des environnements juridiques différents. Pour un même risque automobile par exemple (les voitures étant grosso modo les mêmes), les prix en Europe (y compris UK) varient de 1 à 3.

Pour l'assurance vie, il y a deux grandes familles, en cas de décès et en cas de vie. En cas de décès, il y a les tables de mortalité qui évoluent dans le temps avec l'espérance de vie. En cas de vie, ce sont des produits d'épargne, plus ou moins efficaces en fonction de la réglementation, des besoins et des produits retraite, le risque est davantage du côté des épargnants de revoir leur capital et les intérêts quand ils en ont besoin.

La même question se pose pour les dépôts dans les banques et la banque a le problème inverse pour les crédits : les clients vont-ils rembourser les crédits octroyés ? Dans la banque, la notion de risque s'est étendue significativement avec le développement des marchés de capitaux. Au début des années 90, la notion de risque de marché se focalise spécifiquement sur des variations des taux obligataires et des devises, avec des outils très sophistiqués, qui se sont encore affinés au cours du temps.

De plus, les risques de contrepartie, les entreprises ou émetteurs initiaux, sont devenus plus internationaux et plus difficiles à appréhender.

Après les scandales Leeson, chez Barings et Kerviel à la Société Générale, l'incendie du Crédit Lyonnais, la notion de risques opérationnels est montée en puissance. Après les crises de 2007 et de 2011, le risque de liquidité est devenu un incontournable. Ainsi dans la banque, la gestion des risques est passée d'une notion d'évaluation du risque de crédit à une évaluation beaucoup plus globale et complète. Une grande partie de ces changements ont été aussi initiés, développés et amplifiés par les réglementations du Comité de Bâle, mais aussi des réglementations européennes et nationales. Cela a petit à petit radicalement modifié la manière dont la banque peut gérer son bilan et faire son métier, créer ses offres. Pour simplifier (les experts ne m'en voudront pas, j'espère), cet arsenal a aussi permis l'essor du « shadow banking » en facilitant aux banques d'alléger leur bilan de créances en les faisant refinancer par des fonds. Aujourd'hui, le total des actifs en « shadow banking » est plus élevé que celui des banques. C'est un espace toujours moins régulé que celui des banques. Une bombe à retardement vue par certains ?

L'assurance a subi relativement moins de contraintes, quoique la réforme dite Solvabilité 2 a amené des changements profonds. Le plus significatif, à mes humbles yeux, est la gestion actif-passif. La professionnalisation de cette partie a permis de mieux solidifier les engagements avec les actifs les représentant.

Tant pour la banque que pour l'assurance, la gestion étendue des risques et leurs réglementations associées ont transformé la gestion des bilans et la manière d'exercer le métier. Il est patent que les établissements sont plus solides et plus liquides, au risque d'avoir développé tout un pan non régulé.

Par ailleurs, la cohorte de nouvelles règles a conduit à une augmentation des coûts et des contrôles. L'inflation des équipes de compliance et des reportings aggrave un peu plus le problème de rentabilité des banques, mesurée toujours inférieure au coût du capital.

8.2) Des chiffres sans chiffres

Pour prendre des décisions stratégiques ou d'organisation, il est sain d'avoir des bases chiffrées fiables et bien documentées. Scientifique de formation, j'ai un biais quantitatif certain. Au cours des premiers projets conduits pour les banques et les compagnies d'assurance, je me disais que l'absence de chiffres de qualité était un défaut des entreprises clientes. On pouvait avoir accès à toutes les bases comptables, mais des bases par segment de clients, par produits/services, par entité, il fallait tout reconstruire. Je ne comprenais pas comment des dirigeants, plongés toute la journée dans des chiffres, pouvaient gérer sans chiffres solides. Certains se moquaient gentiment de moi en disant : « A chaque fois que l'on fait une bonne comptabilité analytique, toutes les activités sont perdantes, sauf que notre banque/assurance est finalement très rentable ! »

En fait la difficulté est structurelle, liée à l'activité et à son organisation.

Pour l'illustrer, ces dernières années, j'ai beaucoup travaillé les stratégies dans le domaine des paiements pour tous les types de clientèle. En effet, notamment sous la pression règlementaire, technologique, des effacements des frontières entre produits/services et des changements de concurrence, dans tous les compartiments du jeu, les revenus et les coûts, la rentabilité des activités de paiement est remise en cause. J'ai eu le bonheur de travailler pour deux grands groupes bancaires européens afin de redéfinir avec eux leurs stratégies dans ce domaine.

Pour l'un des groupes, assez complexe dans sa structure décentralisée, comme pour l'autre dans une structure plus pyramidale, il a fallu 18 mois pour comprendre les coûts et ses leviers, et un an pour les revenus. La complexité sur les coûts est que les coûts directs, coûts des opérations, informatiques et des RH liés à ces produits, sont minoritaires par rapport aux couts indirects qui supposent des clés de répartition. Par exemple, les coûts en agence ou des équipes commerciales, les couts des systèmes informatiques sont partagés.

De même pour les revenus : les revenus directs sont faciles à identifier, notamment les frais d'intervention mais, par exemple, les revenus liés aux dépôts sur les comptes courants doivent faire l'objet d'attention particulière, sans parler des répartitions des profits de la gestion actif-passif du bilan de la banque. Cela étant, il a fallu, avec une solide méthode ABC (Activity Based Costing), 3 ans pour stabiliser des tableaux de bord pertinents pour que le management puisse prendre des décisions autrement que de manière floue. Beaucoup de celles-ci en matière de paiements ne sont pas toujours (rarement) alignées avec l'intuition initiale. Les paiements sont principalement des activités transactionnelles. Quand il y a des activités liées à des engagements de bilan, la complexité s'accroit également.

Autre exemple, dans une banque de réseaux, une analyse de la rentabilité des segments de clientèle est conduite. Une fois compris que rentabilité ne concerne pas que les revenus, la reconstruction des coûts est très compliquée, notamment pour être précis dans l'allocation de ceux en agence. La conviction intime des dirigeants était que le segment du particulier à revenu salarial faible n'était pas rentable, ce qui était vrai même si le segment est, proportionnellement aux actifs mobilisés, le plus contributeur de revenu. En connaissant les coûts et les leviers pour agir sur ceux-ci, il a été alors possible de rentabiliser ce segment pour revenir aux objectifs de la banque.

Dans toutes les activités de la banque, il est de plus en plus critique de prendre des décisions avec « les bons chiffres », et ce sont des exercices complexes, et réalisables.

8.3)   Les régulateurs

En plus de trente ans de collaboration avec des institutions financières autour du globe, j'ai pu observer que les régulateurs depuis la crise de 2002, et davantage après celles de 2007/2008, ont pris un pouvoir structurant. Les grands mouvements sont de diverses natures : risque de crédit/contrepartie, sur la gestion actif-passif, sur les ratios de solidité (fonds propres, liquidité, levier), sur le blanchiment et la fraude fiscale, etc.

De plus, en Europe, la construction d'une espace européen financier harmonisé génère une flopée de directives et de lois plus ou moins transposées de manière homogène. A un moment donné par exemple, il y a plus de 150 nouvelles règlementations en cours de mise en œuvre, tous stade de maturité confondu (des livres verts, blancs, draft de directives, directives, loi transposée). De plus, l'analyse de la crise de 2008 par un ancien gouverneur de la Banque de France et DG du FMI, a conduit l'UE à la création d'un certain nombre d'agences de réglementation et de supervision notamment EBA, ESMA, EIOPA et donner un rôle accru à la BCE.

La très saine et sainte trilogie des principes et des moyens pour la stabilité financière en Europe constituée par le fonds de résolution, le fonds de garantie des dépôts, et le mécanisme unifié de supervision a amené une charge supplémentaire sur les banques européennes. En plus du travail de l'IASB et du comité de Bale, les nouvelles règles se sont multipliées, pas toujours cohérentes entre elles. Outre les impacts profonds sur le modèle d'affaires des institutions financières, le poids en investissement et en coûts a considérablement augmenté. Pour donner un exemple, les développements nouveaux pour les sujets règlementaires dans les budgets informatiques est passé de 25% à plus de 60%.

Les régulateurs ont donc mis en place ce qui est nécessaire pour s'assurer qu'à terme, il n'y ait, normalement, plus d'argent public qui soit mobilisé pour sauver des banques, l'objet du fonds de résolution financé par les banques. D'ailleurs, une démonstration probante en a été récemment faite en Espagne. Sont également en place des ratios prudentiels à des niveaux très significatifs, tant en cas de crise de crédit que de liquidité. Les banques ayant dû par exemple doubler leur niveau de fonds propres par un moindre paiement de dividendes et des appels aux marchés. Les analyses sur l'impact du Covid-19 montre d'ailleurs que les banques sont résilientes (voir EBS 2020 par zeb).

BCBS 239, qu'est-ce ?

BCBS 239 est une règlementation du comité de Bâle pour assurer l'unicité des données dans une banque, avec 11 règles à respecter (fraicheur des données, exactitude, etc.).
Par exemple, Mr X qui détient 12 produits d'une banque dans ses différentes filiales doit être connu de manière unique et centralisé. Cela parait le bon sens…vu de loin. Dans le détail d'une banque avec un trilliard de données et plusieurs dizaines de millions de client, c'est une tâche titanesque et presque infaisable, et, surtout difficile à maintenir dans la durée.
Une des membres du comité de Bâle devenue patronne de la réglementation d'une des premières banques européennes, disait qu'elle avait consacré une heure à cette prise de décision, alors qu'une banque moyenne va dépenser quelques centaines de millions pour le mettre en place, sans garantie de succès. Une bonne illustration que l'enfer est pavé de bonnes intentions et que la compréhension mutuelle a beaucoup de chemin à faire.

Tout cela est bel et bon mais montre avec acuité les écarts de perspective entre les banquiers commerciaux, les banquiers centraux et les régulateurs. D'abord il est frappant de voir la différence de formation et de parcours entre les banquiers commerciaux et les banquiers centraux. Il y a d'ailleurs très peu de banquiers centraux qui aient eu une carrière commerciale. Le poids de la recherche académique dans les banques centrales et le plaisir de la recherche sont fascinants par leur qualité et la profondeur des hypothèses testées. Une illustration de cela est relative au calcul des commissions que les commerçant payent pour l'utilisation des cartes de débit ou de crédit aux banques. Celles-ci es payent, sans que cela soit transparent pour tout le monde, à partir des commissions perçues, des rétrocessions à la banque du porteur de la carte et aux réseaux qui permet la connexion et la valorisation des transactions.

20 points de base sinon rien !

La commission européenne est partie en conflit avec Visa et Mastercard sur ce sujet, prenant une position très ferme, parfois au détriment de la réalité, basée sur des travaux d'un professeur d'économie de la Toulouse School of Economics, Jean Tirole, qui a reçu pour ses travaux le Prix Nobel d'Economie.
Les travaux du Pr Tirole, à ses propres dires, étaient un galop d'essai pour tenter de mesurer le coût d'opportunité d'utilisation du cash versus une carte. Une analyse théorique basée sur Un porteur de carte et Un commerçant, donc très loin d'une réalité de marché. Néanmoins, c'est ce qui a servi de base pour le SEPA, au grand regret du Pr. Tirole, et réduit la rentabilité des banques dans ce secteur.

On pourrait multiplier les exemples.

Sur un autre plan, la masse de règlementation a trois autres impacts : une augmentation des coûts, des transformations de marché, et une focalisation du management.

En termes de coûts, outre les investissements informatiques, le coût récurrent des accroissements des compétences, du nombre de ressources nécessaires et des nouvelles structures à mettre en place est de l'ordre de 10% des frais généraux, ce qui très important. La question du rapport coûts/efficacité ne se pose pas, c'est obligatoire !

Les transformations de marché sont liées à l'émergence du Shadow Banking, plus important que le secteur bancaire aujourd'hui et les nouvelles concurrences par ses start-ups, favorisées en théorie par l'Open Banking.

Un dernier point, et pas des moindres, pas facilement quantifiable, est la consommation de temps que les dirigeants et collaborateurs dédient à ces tâches, indispensables sinon ils ne peuvent pas opérer, et de fait ils ne sont pas focalisés sur des démarches commerciales ou de management.

Il est vain de savoir si tout cela a produit ou détruit de la valeur mais cela a transformé radicalement le paysage. Est-ce vraiment dans l'intérêt du client final, particuliers, entreprises, et autres ?

8.4) Le digital

Digital est le mot à la mode de nos jours. Celui-ci couvre un champ très vaste avec trois grands domaines : la relation et les interactions avec les clients (la gestion externe), la manière de gérer des processus de fabrication de produits, de services ou leurs agrégations (la gestion interne) et enfin la manière de faire de l'informatique. Dans un monde dématérialisé, comme la banque et l'assurance, où les budgets informatiques (tout compris) varient entre 10 et 40% des revenus, contre moins de 2% dans l'industrie, cette transformation est de l'ordre de la mutation génétique.

La « révolution » internet est maintenant un fait avec plus de 4 milliards d'utilisateurs quotidiens, activant leur smartphone plus de 1200 fois en moyenne par jour (si on en croit les statistiques américaines). L'ubiquité, la rapidité des réseaux et la richesse des applications et des utilisations accélèrent cette mutation en permanence. La raison fondamentale est la diffusion de standard technique poussé notamment par le W3C (World Wide Web, www.w3.org). Ces standards sont aujourd'hui utilisés par 4 milliards d'utilisateurs quotidiennement, son efficacité rend obsolète les bagarres sur les standards spécifiques à certains constructeurs.

Ce que fait « internet » en termes un peu techniques est qu'il sépare la gestion des données, les traitements pour un objectif précis (par exemple, une proposition de prix, un rapport d'activité), sa forme de présentation (sur un écran de PC, de smartphone, en papier, etc.) et les puissances de calcul.

Pour tirer parti de ces technologies, les entreprises ont besoin de piloter les architectures de leur système d'information dans leur logique business, leur organisation des flux de traitements et leur base technique, puis de savoir assembler les composants existants dans le marché grâce à des méthodes adaptées et testées avec les utilisateurs.
Cela amène une transformation radicale dans le métier et dans la manière de faire de l'informatique, et ouvre de grandes perspectives (voir mon livre « e-marketing »).

85 % moins cher

L'impact concret est massif. Deux exemples : une banque construite à partir de ces principes, comme ICICI, a un coût de ses systèmes 85% moins cher qu'une banque traditionnelle. Un programme Big Data fait « à l'ancienne » pour une grande banque européenne avec 1 trillion de données était proposé à 900 millions d'euro sur 5 ans, et, « à la W3C » coute 30 millions et est finalisé en 18 mois.
Les impacts pour les clients, l'interne et la rentabilité sont directement palpables, sans parler de la réduction du risque d'exécution.

Je prêche cela, et le démontre depuis 1995. Et pourtant, je viens de mener, en 2020, un projet pour une compagnie d'assurance où il fallait repartir de zéro. Malgré un avantage stratégique et opérationnel sur le court ou le moyen terme, la diffusion des principes sous-jacents de l'internet prend un temps qui semble infini. Les déclencheurs de l'action sont souvent de nature très simple (voir l'équation du changement en 2.9) : une perte de rentabilité ou de parts de marché, un changement de patron (CEO ou directeur informatique).
Donc pour les institutions financières (IF), la question difficile est liée à une gestion active d'une transition du monde ancien vers le nouveau monde. Il n'est pas ici le propos d'en détailler la manière de faire.

Cette migration est une question de vie ou de mort.

Malgré tout, les IF ont plus ou moins de temps devant elles. La force des IF, dans le monde entier, est la loyauté de leur clientèle et leur niveau de compétences accumulées.
Cela se traduit dans une certaine viscosité des parts de marché, à part certains marchés spécifiques comme le crédit à la consommation ou les avances sur salaires. Il y a peu de banques tout internet viables aujourd'hui, et certainement aucune qui ait le champ d'activité d'une banque dite universelle. Beaucoup de start-up se gargarisent d'être des « disrupteurs » et qui y arrivent ? Mon propos n'est pas de dire que les start-ups ne servent à rien, bien au contraire, mais que le succès est la combinaison de la tradition bancaire ou assurance (des métiers règlementés bien précis que l'on n'apprend pas en une journée, qui ne se codifient pas non plus, et où l'expérience acquise est primordiale) avec l'innovation, notamment technologique. Intégrer des produits, des process de start-up dans ses architectures et ses process est aussi une des clés du succès pour les IF.

Depuis que je fais du conseil aux banques et assureurs, la question de la focalisation clients, par opposition à la focalisation sur les produits/services est récurrente.

L'enjeu est d'intégrer la connaissance des clients pour mieux les satisfaire tout en protégeant, ou accroitre la marge. Je me souviens d'un meeting avec le DG d'une banque (où j'avais mon compte courant, un hasard) :
- « Quelle est votre politique clients pour les particuliers ?
- Les tondre un maximum ! »

Le digital est l'occasion d'avoir les moyens techniques pour résoudre cette contradiction, notamment grâce au Data Mining et à l'automatisation des processus.
Cela ne se fera aussi que par une forte volonté du management, notamment vis à vis des équipes produits. Il est courant d'avoir un débat opposant la banque relationnelle versus la banque spécialiste de produits. Tous les projets prouvent que cette opposition est stérile : une bonne relation avec les clients suppose, à moyen terme, des bons produits/Services sinon le client vote avec ses pieds.

8.5) Banquiers et assureurs

J'ai eu le plaisir de travailler avec aussi bien des banquiers que des assureurs, ce qui est assez rare dans le conseil. Beaucoup veulent les opposer ou bien les séparer. Je crois qu'il y a une continuité de réponse aux besoins des clients entre leurs produits/services qui sont fragmentés par la règlementation et les habitudes.

Un client particulier ou une entreprise fait face à une série de risques : accident automobile, incident de trésorerie, vol, maladie, dégâts des eaux, impayés, etc. Ceux-ci peuvent être couverts alternativement par des banquiers ou des assureurs, par exemple le factoring ou l'assurance-crédit, pour un même besoin (globalement). Même chose pour les produits d'épargne à long terme : un OPCVM vendu par un banquier ou par un assureur correspond aux mêmes besoins ; certes il y a des nuances fiscales ou de liquidité.

Le développement de la banque-assurance est un exemple où dans certains pays, les réseaux bancaires dominent les assureurs en part de marché, en assurance dommage comme en vie.

Néanmoins, en travaillant dans le détail, le développement de l'assurance dans la banque se confronte à des difficultés de montée en puissance des fonds propres nécessaires pour l'assureur, et, dans une démarche d'optimisation de la rentabilité de l'allocation de ses fonds propres.
Il n'est pas sûr que l'assurance, à court terme, soit le meilleur choix pour un banquier. C'est donc un équilibre à trouver entre la fidélisation des clients, l'utilisation des canaux de distribution, les fonds propres mobilisés, et la rentabilité à court et moyen terme.

En matière de gestion des risques (je l'ai déjà évoquée plus haut), la combinaison de la technicité des assureurs sur la compréhension des risques des clients dans leur dynamique et leur anticipation, et celles des banquiers en matière de gestion des bilans, à court et moyen terme, donnent des résultats très puissants.

Chapitre 9 : Un avenir radieux

Faire des prédictions sur le futur d'un métier est un exercice réjouissant et risqué ; réjouissant car cela permet de laisser libre cours à son imagination ; risqué car les écrits restent et dans quelques temps ces prédictions se réaliseront, ou pas. Avec Bob McCann de Merrill Lynch en 2008, dans notre livre Wealth, nous avions annoncé 8 prédictions sur l'avenir du métier de la gestion privée, toutes réalisées. Espérons que celles qui suivent aient la même clairvoyance.

Ces prédictions sont regroupées en deux parties : les fondamentaux et les tendances à venir. Ici, je parle principalement des métiers de conseil en stratégie et en management, dans leurs formes actuelles.

9.1) Les fondamentaux

9.1.1 Prédiction 1 : <u>La rigueur et la qualité des analyses sont primordiales</u>

Une des constantes de ce métier est la rigueur qui sous-tend la qualité des analyses. De nombreux clients attendent du consultant, des analyses sans arrière-pensées, basées sur des faits, des modèles, des hypothèses, des comparaisons, des scenarios, … Il s'agit de confronter et d'enrichir leurs travaux par l'expérience du secteur, d'autres entreprises, et des approches créatives et nouvelles face à des problèmes nouveaux. Tant sur les sujets de marché que d'organisation il n'y a pas de place pour « rêver » les faits et les chiffres, ils doivent être basés sur des approches rigoureuses et défendables dans la durée.

Certes les réalités futures ne sont pas connues, mais elles peuvent être encadrées dans des scénarios et l'identification des facteurs déclenchants des changements.

Quelles que soient les modes, et il y en a dans les communautés de conseil en stratégie et en management, in fine, le conseil travaille toujours sur les mêmes sujets : la croissance, l'efficacité des organisations et la rentabilité.

9.1.2. Prédiction 2 : La qualité de la relation client est le gage de pérennité, quoique !

C'est un truisme de le dire, dans un métier de service, la qualité de la relation est critique. Par client, deux acceptions : celle concernant une entreprise avec une autre entreprise, et celle plus intuitu personae, entre individus.

Les relations avec les entreprises passent aujourd'hui, principalement chez les grands donneurs d'ordre par des accords-cadres négociés avec les achats. Les différents projets sont évalués par les utilisateurs et les acheteurs. Une revue régulière est faite pour vérifier l'adéquation aux besoins, et, en cas de manquement, les accords-cadres peuvent être remis en cause. Cette relation institutionnelle peut perdurer et nécessite d'investir du temps vis à vis des utilisateurs et des achats pour consolider ces positions et ouvrir le champ de nouveaux horizons, grâce à la variété des compétences du consultant. Se faire exclure d'une liste de fournisseurs correspond à perdre le client, d'autant plus que les directions des achats sont montées en puissance très fortement cette dernière décennie, et cela ne changera pas dans le futur. C'est d'ailleurs très structurant dans le marché, favorisant les entreprises de certaine taille, et de facto quasi éliminant les « artisans », sauf les consultants solos.

L'autre relation plus personnelle tient à la réussite de projets conjoints avec un client donné. Il s'est tissé au cours du temps une relation de confiance et une loyauté réciproque. Dans l'environnement actuel, où les équipes de management tournent relativement vite, cela n'est source durable de projets qu'avec les dirigeants du plus haut niveau, ou les Présidents. Sinon, dans la plupart des cas, le manager est contraint, plus ou moins fortement, par les Achats et leur liste de fournisseurs agréés.

9.1.3. Prédiction 3 : Gérer la juste valeur ajoutée :

Au début de ma carrière dans le consulting, on pouvait gagner des projets sur la confiance, votre compétence sur le sujet était supposée (rarement vérifiée) et le prix était ce qui était acceptable par le client dans une négociation en tête à tête. Au consultant, de prouver au client qu'il avait raison de lui faire confiance. Ce type de vente n'existe quasiment plus pour plusieurs raisons : le marché est devenu très sophistiqué dans l'achat de conseil, de nombreux consultants sont passés chez le client et connaissent « la musique », et les achats veillent. Donc, bien adapter son prix au type de résultats attendus est devenu la norme. Il peut y avoir un peu de divergence avec le client mais au consultant d'aller à l'« extra mile ». Par ailleurs, il est rare que les projets se déroulent comme prévu (voir plus haut) donc il faut être en constante relation avec le client pour adapter ses charges, son prix, ses délais, surtout si le projet est au forfait.
La valeur ajoutée est une notion relative et propre à chaque client, en fonction de son expérience et son niveau de sophistication, raison de plus de le gérer au plus près.

9.2) Les tendances

Les tendances à venir tournent autour de plusieurs convictions fortes :
- Il y a une accélération forte du **cycle de changement**. La séquence traditionnelle : définir une stratégie, faire un plan de mise en œuvre, définir les changements organisationnels (structure, compétences, systèmes de gestion, formation, etc.) et enfin les adaptations des systèmes d'information, se contracte et se gère en parallèle et non plus en séquence.
- La **valeur ajoutée sectorielle** ou propre à un type de savoir-faire **fonctionnel** doit être de « classe mondiale ».
- Les nouvelles générations de consultants, tout en respectant les fondamentaux ont des rapports humains et des rapports au travail nécessitant plus de flexibilité dans un encadrement toujours plus personnel pour un **hédonisme professionnel** accompli.
- La **révolution digitale** n'en est qu'à ses prémices
- La **démographie et l'écologie** transformeront nos modèles d'entreprise et de gestion comme les équilibres planétaires (dans tous les sens du terme équilibre)

Ainsi, pour le métier du conseil cela conduit aux prédictions suivantes :

Prédiction 4 : <u>un conseil se doit d'être holistique mais très professionnel sur chacun des métiers de sa chaine de valeur (stratégie, organisation, systèmes)</u>

Holistique recouvre une notion de complétude de bout en bout. L'évolution de la technologie tant du point de vue des ventes que de la gestion des processus rend l'intégration des données et leurs traitements dans les processus, instantanée. Les nouveaux logiciels de gestion de processus couplés avec de la gestion par intelligence artificielle et Machine Learning permettent une adaptation immédiate des réponses aux demandes externes et internes.

Par exemple, pour le traitement de déclaration de sinistres simples en dommage aux automobiles réalisée dans une période de trois semaines (plus de 15 000 cas), le traitement automatique est passé de 30 à 90%. Ainsi le consultant doit prendre en compte ces impacts de bout en bout dès la conception, il ne peut se contenter de définir un nouveau processus, il doit intégrer les éléments de stratégie (caractéristiques des polices, objectifs de cout moyen), d'organisation (responsabilité, contrôle de la fraude et suivi) et enfin d'intégration dans les systèmes informatiques pour atteindre les bons résultats pour le client et sa compétitivité. Donc les pratiques devront évoluer.

Prédiction 5 : <u>Le savoir-faire sectoriel ou fonctionnel est une condition d'un apport de valeur ajoutée durable et valorisable</u>

Un client est lié à un secteur d'activité, c'est une évidence. Le temps où un consultant ne savait rien sur le secteur de son client est révolu. Comprendre les enjeux et les tenants et aboutissants, esquisser des réponses venues de la connaissance des marchés et des modèles d'affaires, et des architectures de systèmes d'information couplée avec une compréhension des innovations est la manière d'aborder une discussion et de structurer un projet pour un client. Cela suppose des investissements en recherche et en formation afin d'avoir des équipes toujours en avance par rapport aux questions potentielles, mais aussi, de se projeter avec le client dans un futur réaliste.

De bons exemples de cette maitrise sont : zeb pour le secteur financier et une entreprise nommée Simon Kucher and Partners qui domine mondialement le sujet de la tarification, ses différents modèles, et ce, sur toute la chaine de valeur.

La conséquence pour les entreprises de conseil est de faire des choix clairs d'investissement dans la durée, et de s'y tenir. Le temps des consultants qui pour un honoraire font tout sur n'importe quel sujet perdurera peut-être un peu, mais le futur est aux multi spécialistes dans une promesse de valeur ajoutée immédiate.

Prédiction 6 : <u>Les nouvelles générations de consultants ont besoin de flexibilité sans rien abandonner de la rigueur</u>

Une anecdote : Nous avons une réunion critique à 11 heures avec un client. A 9 heures, je réunis l'équipe comme prévu. Un consultant, qui a une partie essentielle qui restait à peaufiner, est à son bureau sans rejoindre la réunion.
Je vais le voir et constate qu'il est sur Facebook et Instagram en même temps. « Tu viens ? dis-je un peu chagrin. Non je suis avec mes amis, si tu n'es pas content voilà ma démission ! » Il avait fait le travail mais ne voulait pas rentrer dans le rythme, il avait ses priorités à cette heure-là.

L'hédonisme professionnel est le nouveau Graal pour les jeunes générations. La frontière entre les aspirations personnelles et professionnelles est en train de tomber. Le confinement a montré la capacité d'adaptation du travail à distance, son efficacité, dans la limite de faire des efforts de cohésion d'équipe. Cela correspond à une autre forme de productivité, des modes de gestion différents et des adaptations des compétences notamment dans les outils de communication (voir le sous-chapitre 2.6.3) zoom, zoom, zoom). Il est vrai que les mêmes attitudes se retrouvent chez le client, donc là aussi, une mutation des modes d'intervention est nécessaire.

Sur le fond, rien des « fondamentaux » mentionnés dans les prédictions 1 à 3 ne sont mis en danger par ces nouveaux comportements. Les questions sur le style de vie, et les soutiens aux activités d'ONG, reviennent de plus en plus souvent dans les entretiens de recrutement, comme d'ailleurs les efforts pour la « planète ». Les succès des projets de stratégie en Cocréation sont de jolis exemples. (Voir: The Co-Creation Edge: Harnessing Big Data to Transform Sales and Procurement for Business Innovation par Francis Gouillart et Bernard Quancard)

Certaines entreprises de conseil peuvent penser passer outre, et dire que « le métier c'est le métier ». Je ne le crois pas, il faut une adaptation, qui parfois reste à inventer, en cocréation ?

Prédiction 7 : Maîtriser le digital, l'IA et le ML est critique pour une bonne rentabilité et un service à haute valeur ajoutée facturable

Je suis convaincu que nous ne sommes qu'à l'aube des conséquences de la révolution industrielle générée par les nouvelles techniques de création et de traitement des données. Les sites d'information des gouvernements, des entreprises regorgent d'information. Allez voir gov.org, le site fédéral US, c'est bluffant. Il se crée et s'échange plus d'informations, de toutes natures, y compris « fake », en une semaine que pendant tout le XXème siècle, et de plus accessibles partout dans le monde (sauf censure, comme en Chine).

Pour des consultants, voir prédiction 1 pour la rigueur et la qualité des informations, il est critique de s'adapter à cette profusion et de savoir en tirer parti. C'est une opportunité et un défi ; une opportunité pour la profondeur des données et sa rapidité d'accès ; un challenge car il faut former les bons data-scientistes qui ont un esprit de service dans les projets, les nouveaux analystes !

Par ailleurs, tout est digital, donc les vieux comportements de consultant en stratégie méprisant les « graisseux » de l'informatique sont du domaine de la « dinosaurisation » rapide. Il est aussi nécessaire que les écoles et universités opèrent aussi cette mutation.

Je l'ai évoqué dans les chapitres précédents à l'aide d'exemple, cette révolution est aussi une révolution des modèles économiques et des temps de réaction. De nouveaux paradigmes de business vont apparaitre. Une entreprise comme Amazon en est déjà un bon exemple, peut-être Google, mais pas trop Apple, ni Facebook, ni Microsoft aujourd'hui. Toutes les GAFAM ne sont pas à mettre dans le même panier.

Le conseil doit s'adapter à ces mutations notamment dans sa vision holistique des enjeux stratégiques et opérationnels, mais aussi dans ses modes de fonctionnement, au risque d'être non pertinents.

Prédiction 8 : <u>Les marchés du futur se trouvent aussi dans les pays émergés avec des offres nouvelles</u>

L'enjeu démographique des années à venir est constitué par des pays comme l'Inde et la Chine, avec des populations au-delà du milliard et demi mais aussi par exemple, le Nigeria, l'Indonésie avec plus de 500 millions. Chacun de ces pays ont des secteurs d'activité florissants et des classes moyennes dont les niveaux de vie s'envolent. Ce ne sont pas aujourd'hui des marchés de conseil très importants par rapport aux US ou à l'Europe (au sens large). Les nouveaux paradigmes du conseil (automatisation de la recherche, travail à distance, cocréation, etc.) commencent à fonctionner dans certains pays. Je crois qu'il y a une opportunité, à suivre avec le développement de sa solvabilité.

Conclusion

J'espère vous avoir convaincu que le métier du conseil est un **métier formidable** par sa diversité des sujets mais aussi par le constant renouvellement des problématiques des clients et de nos entreprises. Le renouvellement de sujets traités et des situations tient à des évènements externes, notamment les crises, COVID-19 est un exemple flagrant, les mutations des marchés, à l'innovation technologique, aux changements de comportements des clients, à l'imprévisibilité des politiques des gouvernements (notamment, aujourd'hui, Brexit et, comme on l'a vu avec Donald Trump).

Nos clients créent aussi des situations toujours nouvelles, parfois volontairement, pas toujours. Nos entreprises de conseil ont aussi à faire face aux transformations imposées par les changements de structure du marché du conseil, de sa professionnalisation toujours accrue, et par les attentes des nouvelles générations de clients et de consultants.

Le métier traite toujours des mêmes sujets : croissance, efficacité des organisations, rentabilité, développement des ressources humaines, et optimisation de la gestion des bilans (surtout pour les institutions financières). Une partie fascinante des problématiques est de réussir à combiner pour nos clients, plus rapidement que les concurrents, les mutations stratégiques, l'acceptation et l'adhésion au changement dans une équation économique améliorée.

Ce métier offre aussi des contrastes dans les manières d'y réussir : une bonne maitrise des concepts théoriques (académiques) en restant pragmatiques et opérationnels dans leurs applications aux situations spécifiques ; une grande profondeur de compréhension des dynamiques sectorielles et une gestion au plus près des attentes des clients. Du point de vue de l'entrepreneur, la grande variété de taille et de configuration des entreprises exige des adaptations permanentes de son mode de fonctionnement, notamment de gouvernance.

Finalement, le conseil est un métier de service. Cela impose un état d'esprit d'adaptation, sans renoncer à ses convictions ni au courage de les exprimer de manière adaptée.

Annexe : Mon Petit Vademecum des pays

L'ordre des pays est alphabétique, un autre supposerait un jugement de valeur, très subjectif. Comme évoqué dans le chapitre 1, la fréquentation de Serge Kampf m'a amené à apprécier (avec modération, cela va de soi), les vins. Dans mes pérégrinations, j'essaie de découvrir les productions locales, vous trouverez à la fin de chaque notule un éclairage appelé la Minute d'œnologie. Il est amusant de constater que quasiment partout dans le monde, on vous offre du vin français d'abord, difficile de ne pas être sensible à ces marques d'attention, c'est vrai que vouloir toujours « gouter » local est parfois une aventure gustative.

1. Allemagne

L'Allemagne est un pays intrigant par son mélange de certitudes et d'hésitations. Les certitudes sont nombreuses en référence notamment à la qualité de ses industries, à sa capacité exportatrice, à ses compétences techniques, à sa puissance financière, à son modèle fédéral, à sa gestion par consensus. Ses hésitations sont liées à leur peur de se retrouver tout seul pour résorber le poids de l'Histoire. Son attachement à l'Europe, et, malgré ses contorsions, la défense indéfectible de l'Euro est un des atouts pour l'Europe elle-même.

Par ailleurs, un Euro, relativement faible, facilite leurs exportations. L'hésitation renforce les certitudes. Néanmoins, au plus profond de la psyché des allemands avec qui j'ai eu le plaisir de travailler, l'idée de l'Europe et de l'Euro supporte fortement leur désir de ne pas se retrouver seuls face à leurs démons, et craignent que les mêmes causes créent les mêmes effets, surtout chez les trentenaires d'aujourd'hui.

Le « traumatisme » de la réunification a changé aussi la dynamique, car le retard de l'ex-RDA était très profond par rapport à l'Ouest. Je me souviens de mes partenaires installés à Munich récupérant les usines familiales de l'Est après la chute du mur, et se désolant du niveau d'investissement nécessaire.

Il serait présomptueux de porter un jugement sur les managers allemands mais ce qui frappe c'est leur formation initiale, soit d'ingénieur soit juridique, soit un PhD universitaire en comptabilité, pour le contrôle de gestion. Jusqu'il y a peu, les études de commerce, ou un MBA, n'existe quasiment pas en Allemagne. Ces formations initiales donnent un biais certains aux discussions, techniques et juridiques. Ceci n'empêche pas de trouver des Allemands inventifs, créatifs et avec beaucoup de fantaisie. Contrairement à ce qu'on entend, la même proportion d'entreprise bien et mal gérée existe en Allemagne qu'ailleurs, et la supposée rigueur allemande, est tout aussi exagérée que la fantaisie italienne, dans les affaires.

Néanmoins, c'est un pays où les règles sont faites pour être respectées. Pour l'anecdote, je traverse souvent les rues là où cela me parait sûr et pratique, c'est-à-dire, peu souvent en attendant sagement au feu rouge ou dans les passages piétons. Une fois, en allant déjeuner avec un client allemand, je traverse au hasard, il me retient par le bras et dit : « Attention, ici les avocats arrivent avant les ambulances, choisissez votre risque ! ». Contrairement à la Suisse, il n'y aura pas de verbalisation.

Minute d'œnologie :

Les Allemands sont fiers de leurs vignobles, à juste titre pour les blancs de la Forêt noire. Ils semblent aussi s'être entichés récemment de produire du Gin, et il y en a de très bons !

2. Angleterre

Une de mes tantes a épousé un Anglais juste après la guerre. Outre une guerre héroïque dans les chars, et la participation à la libération de la Hollande et d'une partie de la France, mon oncle était le parfait exemple de l'upper class anglaise : une vielle base de fortune liée au commerce triangulaire, convertie efficacement dans l'industrie et dans la presse, et évidemment, dans les fermes, un anglais doué à la guitare, propriétaire de chevaux de course à Newmarket, un bateau traditionnel à Lowestoft, golfeur handicap scratch, un club à Londres, proche des conservateurs, mais pas de fine moustache à la Major Thompson. Nous avons fait de nombreux longs séjours, à Pâques et pendant l'été, dans leur propriété dans le Suffolk, the Constable country. J'y ai appris, avec lui, à jouer au golf et au cricket. Bref, je suis très à l'aise dans cette culture. C'était devenu un deuxième « home ». Ma cousine a épousé un Lord héréditaire d'un titre datant de 1640, parrain d'un de mes enfants. Il siège toujours au parlement. L'Angleterre est un pays à 40 kilomètres des côtes françaises et pourtant extrêmement différent. Il y a un ouvrage satirique écrit par Stephen Clarke, qui s'intitule : « 1000 years of annoying the French ! », (Black Swan 2015) réjouissant, très agaçant, l'excellence de la mauvaise foi british.

Après cela, j'ai passé beaucoup de temps à travailler avec des clients ou des équipes anglaises, du moins basées au RU. Je vis aujourd'hui à Londres.

Les entreprises anglaises ne sont pas différentes des entreprises ailleurs dans le monde, à part leur réflexe par rapport à la réglementation et leur éthique des affaires. Les années Thatcher ont réellement révolutionné le monde du travail et le contexte de la règlementation. La fluidité du marché de l'emploi était jusqu'au Brexit, remarquable, et un taux de chômage en dessous des 3 %. « Maggie » aussi a créé des Self Regulated Organisation (SRO), notamment la Financial Services Authority pour les banques. Les compagnies d'assurance sont toujours sous la tutelle, en partie, du ministère de l'industrie, et du ministère des Finances (The Treasury).

Les SRO sont un peu les ordres professionnels que l'on connait en France (ordre des médecins et avocats, par exemple) qui auraient de plus un pouvoir règlementaire. Donc, ils sont clairement juges et parties, même si le Trésor veille. La Banque d'Angleterre ne se focalisait que sur la monnaie et la macro-économie, peu sur la réglementation, jusqu'au début des années 2000. Ces SRO ont perduré tant que l'intérêt des consommateurs finaux étaient grosso modo préservés, et que les entreprises étaient saines. Malgré tout, jusqu'il y a peu on pouvait voir des publicités dans le métro, proposant des avances sur salaire avec des TEG au-delà des 1000%. Les banques ont vendu un produit d'assurance de protection des prêts immobiliers (PPI) en cas de chômage à beaucoup de gens qui n'en n'avait pas besoin du tout, comme les retraités. Les amendes pour cette vente forcée s'accumulent à 34 milliards de livres en mars 2020. La crise de 2002, et surtout celle de 2007, et les abus de vente forcée aux clients particuliers, a poussé le gouvernement anglais à revoir le mode de réglementation.

Deux grands établissements bancaires, RBS et Lloyds Banking Group (LBG), ont été temporairement nationalisés. LBG est redevenu privé depuis peu, RBS toujours pas, pas loin de 20 milliards de livres d'argent publics plus tard. Pour un modèle d'économie libérale, c'est parfois surprenant.

La mise en place du cadre de la réglementation est toujours en chantier. Les banques ont à faire à au moins neuf régulateurs, quotidiennement, et ce n'est pas tenable. Les Anglais, et par extension les Britanniques dans leur ensemble, ont jusqu'à maintenant suivi à la lettre les directives européennes. L'avenir dira si leur version du Brexit est un bien pour la City. Je ne suis pas le seul à en douter.

Quant à leur éthique des affaires, elle est très simple. Napoléon disait : « Les Anglais : une nation de boutiquiers ! ». Les ballots de coton sur le devant de la scène à la chambre des Lords en attestent. Les entrepreneurs sont une catégorie très bien vue et supportée par la population. Le régime fiscal prévoit d'ailleurs un système dit « entrepreneur relief » où les 10 premiers millions de plus-value sont exonérés d'impôts, « Take the money and Run ». Donc à tous les niveaux, faire vite de l'argent est un objectif, et parfois, peu importe les moyens.

Minute d'œnologie :

A la fin des années 90, un collaborateur britannique nous quitte. « Et alors que vas-tu faire ? je vais monter un vignoble de chardonnay dans le Kent (au sud de du pays), avec le réchauffement climatique, on fera vite des vins meilleurs que la Bourgogne ! ». Il en fait toujours, qui s'améliore d'année en année. Il commence à y avoir quelques vins buvables, y compris un « champagne », le reste est plus proche du « vin de messe ». Ont-ils les terroirs ?

3. Belgique

J'ai beaucoup travaillé en Belgique à la fois pour des clients belges mais aussi pour des entreprises ou administrations installées à Bruxelles ou dans les environs. Comme la Hollande, la Belgique qui a été envahie a souffert sous de nombreuses guerres. Comme l'Allemagne et l'Italie, ce pays n'existe que depuis récemment. Pour un petit pays en taille, il est frappant de voir autant de rivalités en si peu d'espaces, flamands contre wallons et contre bruxellois, catholiques contre protestants, francophones versus flamands, etc. Il y a aussi une complexité institutionnelle qu'eux-mêmes qualifient d'histoire belge. Contrairement à leur proche voisin hollandais, les belges pratiquent une réjouissante autodérision, et finalement il est très facile de travailler avec eux ; même en n'évitant pas les sujets sensibles

Minute d'œnologie :

Comment ? La Belgique est un des pays où la bière est reine. Leur variété est quasiment infinie. Là aussi les vins de bourgognes sont très prisés.

4. Chine

Pour nos métiers la Chine, hors Hong Kong, est un pays, vu de l'extérieur, avec un marché intérieur gigantesque. Il y est néanmoins difficile d'y gagner de l'argent avec les entreprises domestiques. C'est plus facile avec les entreprises internationales. Avant d'aller en Chine j'avais interrogé ma chère mère (qui était docteur en Chinois), sur ce que je pouvais attendre. Elle était plutôt une littéraire et une férue d'arts que dans les affaires. Elle m'avait donné quelques éclairages : 1) les Chinois sont autocentrés, et les étrangers ne sont pas bienvenus sauf si cela sert leurs intérêts. D'ailleurs l'idéogramme qui représente le pays la Chine en est l'illustration :

Un espace fini (le rectangle) marqué, par le milieu pour symboliser le pouvoir central. C'est seulement cela qui les intéresse, pas l'expansion internationale. 2) Les Chinois sont sanguinaires entre eux, à cause des histoires ancestrales entre tribus, etc. ; sans dictature, ce pays éclate. Et c'est brutal. 3) La politique de l'enfant unique est difficile, et place, de facto, une pression forte sur l'éducation ».

Pas de klaxon !

Une illustration de cela. Nous étions en train de présenter un projet dans une grande salle de conférence à Shanghai. Remarquant que l'on n'entend pas de klaxons de la rue aujourd'hui, je suggère que l'on pourrait ouvrir les fenêtres. Le patron me dit mi-rigolard, mi-menaçant : « aujourd'hui ce sont les examens de fin de trimestre. Si quelqu'un klaxonne et dérange les étudiants, il ira un an en prison. » J'avais perdu une occasion de me taire.

Le monde bancaire chinois est structuré autour de quelques échelons, quatre grandes banques, initialement autour de secteurs (Agriculture, Industrie, etc.), dix banques commerciales de taille intermédiaire, et de nombreuses banques locales. Le niveau de sophistication réglementaire est en amélioration constante, et pour des raisons de volonté politique, je suppose, et une difficulté à collecter des vraies données, il est difficile de savoir quelle est la réelle solidité de leur banque. J'ai passé beaucoup de temps à monter des programmes de formation pour le régulateur bancaire sur les règles du Comité de Bale, avec nos meilleures équipes. Le succès n'est pas à la hauteur du potentiel.

Les lettrés et les bouliers

Avec le patron Capgemini de la Chine, un fils d'un des maréchaux de Mao, nous sommes allés voir la patronne du Retail Banking (400 000 collaborateurs, 20 000 agences, 80 millions de clients) d'une des quatre grandes banques, une femme d'une quarantaine d'années, formée en partie aux US.

Elle voulait tout savoir sur nos compétences et expériences en matière de gestion de la relation client, d'automatisation de la comptabilité et des systèmes de reporting. Une réunion bien préparée de trois heures, une discussion à bâtons rompus, et une identification de nombreux projets potentiels. A la fin de l'échange, une discussion s'engage sur le futur : « automatiser la comptabilité est un exercice tentant. J'ai dans les agences 2 types de populations : des comptables (qui travaillent avec des bouliers) et des lettrés, deux professions « sacrées » dont la productivité est bonne. En implémentant les systèmes dont vous parlez je devrais supprimer la moitié des emplois. Je ne pense pas que cela soit possible ! »

Du gluant, rien que du gluant !

La gestion des contrats en Chine est un cauchemar. Ce n'est pas parce que vous avez signé un contrat que vous serez payé. Il faut facturer d'avance, et, les tribunaux sont à éviter pour les étrangers. Par ailleurs, les négociations durent un temps infini. On menait une démarche commerciale pour une banque d'affaires régionale pour la mise en place de tout le pilotage réglementaire. Le client et son équipe de 10 personnes voulait visiter des clients en Europe.

Nous organisons une visite qui se termine à Paris, visite à notre siège, et soirée au Moulin Rouge (une demande du Client). Avant le spectacle, nous allons diner dans une brasserie Place de Clichy. Quelques-uns commandent du poisson grillé, avec du riz. Au bout d'un moment, il y a une agitation parmi les chinois, le riz n'est pas gluant…Il était à la française. Scandale, agitation, le Chef vient expliquer qu'il ne fera pas du riz « mauvais », etc. On n'a pas signé le contrat, ce n'est probablement pas lié à la qualité du riz.

Des vertus de l'alcool de riz

La Chine possède un Etat et des régions puissantes. Un soir, le patron chinois nous dit que nous sommes invités, impromptu, par le patron de la région de Shanghaï, et, le patron du parti Communiste local, deux personnalités de très haut rang. Au cours du diner d'une vraie gastronomie fine, ils nous tiennent le discours suivant : « nous avons rempli nos objectifs (tels que définis dans le xième plan approuvé par le xième congrès du Pari Communiste Chinois) en matière d'industrialisation, mais nous sommes très loin des objectifs en matière d'emploi dans les entreprises de service, notamment en informatique.
Nous vous proposons de mettre à votre disposition un centre de formation pour 4000 personnes, sur 10 ans, gratuitement. Vous pouvez aussi y faire une base pour vous, toujours gratuitement. On achètera le programme de formation à des taux internationaux. On vous emmène demain voir le site. », bref, difficile de refuser. Le lendemain, à 75 kilomètres de Pudong, on visite un endroit semi-marécageux, plein de jardins ouvriers. Six mois après, les premières pierres sont posées, les ouvriers relogés (pour leur bien), la station de métro en cours de prolongement, la sortie d'autoroute en construction, et, la ligne haute tension déplacée. Un an après, une inauguration, avec pelle commémorative, plantage d'un arbre, plaque, discours est organisée.

Le patron du centre pour Capgemini était un Indien qui avait déjà créé ce genre de centre. S'en suit l'inévitable diner. J'avais convié à ce diner mon équipe internationale, puisqu'en partie, elle devait activement contribuer au fonctionnement avec des sous-traitances de contrats. L'endroit où a lieu le diner est sublime, une ancienne décharge aménagée pour les membres du Parti, avec des jardins magnifiques, rivalisant avec ceux de Suzhou ou Shanghai, un hôtel de luxe. La salle de restaurant est couverte de paravents anciens, dorés, avec des oiseaux stylisés absolument extraordinaires. Donc tout le monde est aux anges. Vient alors la séance des discours, sans aucune importance, et les toasts. La tradition chinoise, dans ce genre de circonstances, est que les patrons (le patron de la région, celui du Parti, et notre patron local) font le tour des convives, un à un, et boivent un verre d'alcool de riz avec chacun. (J'avais réussi à me défiler, ne tenant pas l'alcool blanc). A la moitié du tour, il y avait une trentaine de convive notre représentant australien, passablement éméché, se lève et dit : « c'est un scandale Mr C, celui du Parti, ne boit pas ! ». Un blanc. Le représentant du parti, dit, alors que c'est vrai et qu'il va refaire, pour ne pas perdre la face, un tour avec chacun, ce qu'il fait aussitôt, jusqu'à ce qu'il tombe par terre dans ce qui a été diagnostiqué comme un coma éthylique, et pour cause ; ambulance, etc. Il a mis deux jours à se remettre, heureusement. Contrairement à mes inquiétudes, cela n'a eu aucune conséquence après coup sur nos relations. La même mésaventure était arrivée lors de la signature de contrat, au directeur financier de Capgemini, l'alcool de riz n'est pas toujours de bonne qualité...

Minute d'œnologie :

Les alcools chinois sont rarement bons, avec des effets imprévisibles, comme illustré plus haut. Le vin rouge s'améliore progressivement.

Le vignoble planté récemment est le double de la surface de Bordeaux. Une ami œnologue, qui travaille pour les Chinois, pense que ; « les terroirs ne sont pas assez bons de pour faire des grands vins, et si c'était le cas, il l'aurait fait depuis longtemps. Néanmoins, avec le niveau d'investissement, de bonnes choses sont à venir. ». A surveiller.

5. Espagne

Mon initiation à l'Espagne a commencé très tôt par mon cher père, né au Pérou. Clairement, le Pérou, n'est pas l'Espagne loin de là, mais c'est un pays de culture hispanique. Mes aïeuls paternels avaient fondé une maison d'édition, publiant en Français et en espagnol. De nombreux objets hispaniques ornaient la maison. Il fallait aussi compenser le biais British, n'est-ce pas ?

Le parcours de l'économie de l'Espagne depuis la mort de Franco est remarquable, pour se hisser à des niveaux de vie proches des meilleurs d'Europe. J'étais à Madrid durant les journées du coup d'Etat raté par le Colonel Tejero en 1981, connu sous le vocable 23 F (comme 23 février). La maturité des Espagnols, et du Roi, ont permis de surmonter ces difficultés, et de faire émerger une génération de manageurs jeunes et bien formés, il y a quasiment eu un saut de génération. Santander, BBVA et CaixaBank, dans le secteur bancaire, sont des entreprises multinationales avec des équipes de haut niveau. Bien sûr, il y a quelques ratés comme les « beautiful people » et les crises immobilières, mais globalement l'arrimage à l'Europe a permis une transformation radicale.

J'ai passé presqu'une année à étudier à l'IESE, à Barcelone. L'IESE est l'école de management de l'université de Navarre, liée à l'Opus Dei. Cela crée un réseau de cadres très motivés, et très loin des simplifications journalistiques et complotistes.

Corrida, Havanes et professionnels

L'Espagne a beaucoup changé au cours de ces dernières décennies, mais les traditions restent fortes. Nous étions en train de conduire un projet de fusion de deux banques à Madrid, installés dans le centre, Paseo de la Castellana, les Champs Elysées de Madrid. Le calendrier était serré, le client exigeant et nerveux bref tout le monde restait sous tension. Un jour, avant un point projet prévu pour le lendemain, le client et son patron, le DG de la banque débarquent dans notre salle de projet. Inquiétudes et stupéfactions ! Brouhaha général dans l'équipe composée d'une quinzaine de personnes. Le DG nous dit ; « prenez vos affaires, on s'en va ! Voilà les billets pour la première corrida de la saison à Las Ventas (la grande arène de Madrid), et les puros (les cigares cubains) qui vont avec ! nous travaillons trop, on va se détendre un peu ensemble, il y a un minibus qui nous attend en bas ». On a donc assisté avec le client, le roi, et le premier ministre à la première corrida de la saison aux meilleures places possibles. Immanquable !... Et tenu la réunion du lendemain après une nuit blanche ! Mariage de la tradition et du professionnalisme !

Dans la tradition historique de l'Espagne, et en matière de comportement en affaires, un vieil ami très expérimenté me dit : « tu verras les espagnols, ce sont des européens à l'extérieur et des maures à l'intérieur ». En citant cela à un ami espagnol, natif de Grenade, ex-ville maure par excellence, il me regarde en rigolant : « tu sais, ils ne sont partis qu'en 1492 ! ».

L'Espagne est un pays où les régions sont très fortes, avec une méfiance par rapport à Madrid. La Catalogne en particulier, il est vrai très maltraitée par Franco, a surréagi. Chez Capgemini, le siège de l'entité espagnole était à Barcelone, jusqu'à une injonction locale de publier nos comptes, y compris ceux de la maison mère, en catalan.

Évidemment, comme Sony, Philips, et d'autres entreprises internationales, nous avons transféré notre siège à Madrid, conduisant à des licenciements, pertes de revenus fonciers, etc. La Catalogne reste un pays de cocagne, de culture et de savoir-vivre !

Minute d'œnologie :

A l'IESE, au bar de l'école, là où je prenais un double expresso, de nombreux étudiants prenaient un « carajillo » (boire un espresso à moitié ; compléter ce qui vient d'être bu par un alcool fort, genre brandy ; recommencer jusqu'à ce que le gout du café ait disparu), ou un Sol y Sombra (soleil et ombre), moitié pastis, moitié cognac ! Une bonne préparation pour la journée.
Les vins espagnols, en particulier du côté de Rioja, en blanc et en rouge, ont fait des progrès extraordinaires depuis dix ans. Certains trempanillos et autres Xeres (les anglais, qui les appellent Sherry, ne sont pas fous !) sont aussi assez sublimes.

6. Etats Unis, Canada

Je suis allé de très nombreuses fois aux US, et ce qui m'a toujours frappé c'est la rapidité avec laquelle les évolutions arrivent, dans l'économie comme dans les comportements. Il est vrai que j'ai surtout pratiqué des grandes villes, et leurs banlieues, de l'Est comme New York (où j'ai eu un appartement pendant 3 ans) et Boston, et sa ville sœur Cambridge où se trouve Harvard et son incroyable campus, du centre comme Chicago et enfin de l'Ouest, avec San Francisco et Seattle. J'ai assez peu pratiqué l'Amérique profonde de la « Weat belt » par exemple, mais beaucoup les plages de la Floride, en famille.

Les US sont un pays de contrastes, entre l'extrême sophistication des professeurs de Harvard et des grandes universités, et le pragmatisme des managers. Cela donne des aventures entrepreneuriales exemplaires, analysées dans tous les détails après coup. C'est aussi un pays quasiment obsédé par la Finance. Vue la part des investissements des américains dans les actions (au-delà de 80%, là où les européens sont plutôt à 30%), dans les systèmes de retraite privée, les 401K, ou dans les fonds de pension d'entreprise, la focalisation quotidienne sur les bourses est très prégnante. Les crises financières se doublent toujours de drames personnels durs. Néanmoins le taux d'épargne des américains est négatif, ils vivent à crédit ! Le jeu du week-end est d'équilibrer les comptes entre les cartes de crédit et les prêts personnels. Cela irrigue la vie quotidienne. Par exemple, l'Etat de Californie est régulièrement en déficit, et en particulier le comté d'Orange (et sa déconfiture !). Au moment de l'entrée en Bourse de Facebook, la discussion budgétaire de la Californie tournait autour du cours d'introduction, et, des impôts sur les plus-values que les particuliers allaient payer, à quelques dizaines de milliards, la discussion est d'importance. Elle est aussi savoureuse en perspective d'une telle séance au parlement français ou à la chambre des communes !

L'autre aspect américain, qui s'est vu un peu plus avec Donald Trump, est leur aveuglement vis à vis de ce qui n'est pas américain. Lors des rendez-vous avec des banques, sur les sujets réglementaires ou technologiques, les américains dans le retail banking et les banques de PME/ETI sont très en retard par rapport aux marchés européens. Ils sont cependant très en avance dans les marchés de capitaux, dans la gestion d'actifs et dans l'intermédiation. Les comparaisons avec des solutions mises en place en Europe ou en Asie, ne retiennent pas leur attention, ou très poliment, ou intéresse qu'une infime minorité.

Vos papiers, non pas tous !

Bien sûr, jusqu'il y a peu, les étrangers sont accueillis à bras ouverts, surtout les clandestins pour les petits boulots. Si vous vous promenez dans les rues de NYC, vous trouverez des échoppes qui aident les émigrés à remplir leurs papiers pour la sécurité sociale (même minimale, elle existe) et les impôts sur le revenu (l'IRS), et précisent que ces papiers ne seront jamais transmis à l'administration en charge de l'immigration, avec un bulletin officiel placardé au mur. Cela laisse perplexe sur la coordination des administrations.

Quand j'ai pris la responsabilité de l'Amérique du Nord pour Capgemini, pour la partie Financial Services, l'activité était en déclin et principalement dominée par des ex-Partenaires d'E&Y. Leur attention était rivée sur le cours de Bourse de Capgemini, à juste titre puisque l'acquisition s'était faite principalement en titres. Ils avaient eu à payer la plus-value, et, souvent, Capgemini leur avait fait un prêt pour couvrir ces coûts.

Après une analyse détaillée pour revenir à un équilibre il fallait se séparer de la moitié des partenaires. En effet une bonne partie des partenaires du consulting dépendait de l'activité des ceux de l'Audit, sans réelle capacité commerciale autonome. Une fois la décision annoncée, individuellement et collectivement, un plan RIF (Reduction In Force) est mis en place, finalement aussi lourd à administrer qu'un PSE en France, ou un TUPE au UK.

Comme souvent, quelques partenaires attendaient cette décision, et avaient pris les devants en trouvant vite un autre employeur. Ceux qui restaient faisaient l'objet de discussions assez compliquées et parfois surprenantes.

Le cas le plus curieux était celui d'un partenaire, dont l'équation économique était complétement déséquilibrée (2,5 millions de vente, 1 million de pertes sur contrat et un cout salarial de 800 k, 400 k de bonus et 400 k de frais). En analysant les frais, il y avait 3 voitures, 2 appartements près de Wall Street, et une facture très élevée de Gentleman's club (remboursée immédiatement), le contrôle de gestion n'avait rien d'autre à dire que « c'est un partenaire, on a instruction de tout approuver ! ». La discussion sur la nécessité de l'entreprise de payer pour l'appartement et la voiture de la maitresse et d'un des enfants me laisse encore rêveur. Une fois cela réglé, nous avons reconstruit, en partie, grâce au support de l'Inde, un business florissant.

L'horreur en direct

La réactivité des américains est aussi remarquable, surtout devant des catastrophes comme les attentats des tours du World Trade Center. Nous avions des clients dans ces tours. Le lendemain des attentats les projets ont été relogés dans nos bureaux de Times Square...assez traumatisant. Le traumatisme a été aussi assez fort pour des équipes françaises qui travaillaient avec un de ces clients à valider le démarrage d'un programme de trading pour la filiale d'un groupe français. L'équipe française installée dans la salle de marché était en visio-conférence avec les équipes dans les tours quand l'attentat a eu lieu, l'horreur en direct. Deux ans de soutien psychologique ont atténué cette blessure, probablement jamais cicatrisée.

Le Canada est un pays très proche des US (il n'y a d'ailleurs pas de code téléphonique pour le Canada). Les institutions bancaires sont fortes, comme les régulateurs, et la dualité linguistique et culturelle est forte de tension, de rivalité, Montréal et Québec sont des villes européennes par de nombreux aspects, là ou Ottawa est américaine.

Minute d'œnologie :

La première fois que je suis allé aux US, au début des années 80, voir un ami d'enfance installé à San Francisco, on a fait une tournée des bars, et c'était le jour de la Saint Patrick. Je me suis contenté de tester les vins blancs californiens, et pas de Guinness. Une horreur, pas un de réellement buvable.

Cela a beaucoup changé. Les vins sont maintenant assez remarquables et bien faits. Les vins sont de manière prédominante sur un type cépage, Sauvignon, Chardonnay, Syrah, Zinfandel et peu d'assemblage.

J'ai essayé une fois d'expliquer à mes collègues américains œnologues, les différences entre les assemblages du côté de Pauillac versus ceux de Saint Emilion, avec les nuances entre les terroirs et les années. Difficile, mais ils y viendront. J'ai un faible pour les Pinots Noirs d'Oregon, qui valent largement certains Bourgogne.

7. France

Le plus frappant en France, notamment par rapport aux autres pays est la structuration par l'éducation, et la suprématie des mathématiques. Le système des concours aux grandes écoles est un outil de sélection très puissant, et très traumatisant pour certains. Il n'est pas inhabituel qu'un polytechnicien vous récite ses notes au concours, même après 45 ans de carrière.

La Haute administration française est certainement la mieux formée au monde, mais est-ce utile ? Un de mes amis d'enfance, Sciences Po Paris, ENA, sorti dans la botte à l'Inspection des Finances, a passé deux ou trois ans en début de carrière à vérifier les caisses en numéraires des trésoreries paieries générales et des Caisses d'épargne !

De plus, les postes à responsabilités sont plus ou moins préemptés ; aux X du Corps des Mines, l'industrie, et aux ENA Inspection des Finances, la banque et l'assurance, règles pas toujours respectées, au grand dam de certains. La consanguinité entre l'administration et les dirigeants dans certains secteurs est confondante, malgré toutes les commissions sur le « pantouflage ».

La vie des grandes entreprises, pas toutes, peut être structurée par les écoles des dirigeants. Il n'est pas rare de trouver des divisions entières où les recrutements sont mono-école, HEC Paris, X, sciences-po, Centrale, AgroParis, Arts et Métiers... Prendre l'annuaire et appeler un « camarade » est une pratique courante. Certains consultants ne vivent que sur ces réseaux. A un moment donné, 100% des top 100 des agences de pub en France étaient gérés par des HEC Paris. Ce système élitiste crée des attentes fortes chez les jeunes diplômés. Les écoles leur serinent pendant 2 ou 3 ans qu'ils sont la crème de la crème, et quand ils arrivent en entreprise ils ne comprennent pas toujours pourquoi ils ne sont pas déjà les patrons ! Evidemment, le recrutement de ces « élites » est indispensable, non seulement parce qu'ils sont bien structurés, mais aussi pour l'annuaire. Néanmoins, j'ai toujours tenté d'équilibrer avec des écoles de « second » rang, ne serait-ce que pour aider à prouver que passer un concours et le réussir n'est pas tout dans une vie professionnelle. Il y a des gens très compétents et agiles sans être « sortis dans la botte ». Voir plus haut la référence au QI et au QE.

Les seuls pays (pour moi, et de mon champ de connaissance naturellement limité) où les mêmes thromboses existent sont l'Angleterre, avec le Eton + PPE d'Oxford, et la Chine, avec le parti communiste et l'armée. Le Japon, que je connais moins bien a ces mêmes caractéristiques.

Minute d'œnologie : Les vins français sont un exemple dans monde avec une diversité incomparable, et le meilleur et le pire dans les appellations. Serge Kampf, avec le rugby, m'a aussi initié au Bordeaux. La première fois, un 4 janvier, alors que j'avais pris l'entité le 1er janvier, qu'il a mené un business review sur mon entité, je me suis fait « démolir », je ne maitrisais pas les chiffres, et pour cause. Je suis rentré à la maison en disant, je crois que je ne vais pas durer dans ces conditions. Le samedi matin, un livreur me dépose à la maison une caisse de Chateau Latour 1993, avec une note de Serge disant ; « tu boiras cela à ma santé ! ne recommence pas ! ». Evidemment je n'ai pas recommencé, mais j'ai toujours reçu des caisses de-ci delà en fonction des résultats. Cela a démarré ma curiosité œnologique.

8. Hollande

La Hollande, ou les Pays bas, possèdent une culture très particulière, du moins, pour ce que j'en comprends. Deux qualités évidentes apparaissent très vite : leur franchise sans fard, et, un sens commercial aigu. La franchise est certes une qualité mais peut être perçue comme de la méchanceté parfois. Cela rend les premiers dialogues parfois très difficiles. Un de mes amis anglais avait trouvé une formule qui me parait excellente : « les Hollandais sont fiers d'être méchants ». Sur le fond, je crois que c'est plus un problème d'expression que de volonté d'agresser, mais cela peut dérouter.

Les Hollandais ont aussi une longue tradition de commerce, liée à leur position géographique, à leur histoire faite de nombreuses invasions de tous les côtés, et de peu de richesses naturelles. Sans aller jusqu'à dire qu'ils ont une éthique souple des affaires, il est néanmoins patent que leur imagination commerciale frise souvent ce qu'ailleurs serait qualifié d'hérésie. Ils ont peu d'inhibition. Il est surprenant d'observer le contraste des comportements en groupe, où l'école les a formés à attendre d'être interrogés pour parler, et l'action individuelle qui peut être très agressive.

Je suis votre Homme !

Par exemple, à la demande du management Hollandais de Capgemini, je présente le secteur financier et ce que nous faisons mondialement, à une centaine de jeunes recrutés. Au cocktail après la conférence et la discussion, je suis approché par un jeune qui me dit en substance : « vous êtes sur une bonne pente maintenant, mais pour continuer votre succès, vous avez besoin de moi, et, de personne d'autre. Je viens lundi vous voir pour discuter de ma définition de fonction » ou, sur un projet pour une administration européenne, un jeune appelle le client en disant qu'il est lui-même le seul responsable ! Donc un directeur commercial hollandais est quelqu'un de précieux par son énergie et son imagination, et nécessite un équilibre avec un bon juriste et un contrôleur de gestion rigoureux.

Minute d'œnologie :

On y boit aussi les meilleurs vins de Bourgogne achetés dans les vignobles autour de leurs maisons de vacances, probablement une tradition historique, Merci Charles Quint ?

9. Inde

Je suis allé assez souvent en Inde puisqu'en prenant le secteur de Capgemini au niveau global il y avait un indien dans les effectifs et quand j'en suis parti, il y en avait 15 000. Ce mouvement était général pour Capgemini. Très loin de moi de penser que je comprends l'Inde. Je n'en ai pratiqué qu'une partie : Mumbai, Pune, Chennai et Hyderabad.

Quand je pense à l'Inde me vient immédiatement à l'esprit deux images contradictoires : les enfants que l'on voit vivant dans le caniveau à la sortie des aéroports, et l'extrême sophistication du laboratoire de recherche de Capgemini à Hyderabad.

No problem

Travailler avec les Indiens est un vrai bonheur. La formation de base est excellente et variée, leur envie d'apprendre et leur ambition sont très fortes. Je trouve aussi que leur mode de pensée est plus proche du cartésianisme que de la culture anglo-saxonne. Il y a aussi toujours une solution à tout : « no problem » est leur réponse à beaucoup de chose. J'ai appris à interpréter ce « no problem », et le degré d'inclinaison de la tête ; plus l'inclinaison est forte, plus c'est un oui. Comme beaucoup de pays d'Asie, les Indiens ne savent pas dire NON. Il est toujours nécessaire de vérifier, et de revérifier, à quoi leur « no problem » les a engagés, et ce qu'ils font vraiment. Les indiens sont des gens imaginatifs, techniquement pointus, créatifs, des entrepreneurs parfois hardis.

Les bureaux en Inde comportent souvent (toujours ?) une statuette du dieu Ganesh, un éléphant bedonnant, à multiples mains pleines de sucreries, le saint/dieu patron des intellectuels, des écrivains, des banquiers, etc. Ganesh porte chance en affaires aussi, indispensable. Ganesh est un dieu parmi les nombreuses divinités qui ornent les bureaux et les lieux privés et publics. Au bout d'un moment, j'ai arrêté de demander les détails, il y en a trop.

L'entrepreneur indien, en matière de services informatiques notamment, a souvent une vision mondiale et très expansionniste. Le management indien s'exporte très bien en dehors de l'Inde, et s'adapte facilement à beaucoup de situations facilement. Il est vrai que le « mirage » Européen ou Américain facilite l'envie de s'exporter. Plus que d'autres, les grandes entreprises indiennes ont une technostructure composée d'Indiens et même avec une expansion internationale forte, ceux-ci prédominent, souvent originaires la même région.

En tant que Capgemini, nous cherchions à acquérir des entreprises en Inde pour accélérer notre croissance et atteindre vite une masse critique. A cette occasion nous avons rencontré de nombreux manageurs et créateurs de leur entreprise qui ont les mêmes caractéristiques que partout ailleurs. Tous (ou quasiment) avaient de plus des engagements humanitaires forts dans des hôpitaux, des collèges, des pharmacies, de l'archéologie ou de la protection écologique, etc. Ces projets étaient souvent exposés avec une grande pudeur, pas mis en avant du tout, mais évidemment, la question de la continuité de leur financement venait dans la discussion.

La place du village et l'open space

Les Indiens vivent, pour beaucoup, dans une société organisée autour de leur famille. Nous avions un niveau de turn-over élevé à Mumbai.

Les jeunes professionnels indiens sont loyaux à leurs niveaux de salaires et aux perspectives de promotion, et changent facilement d'entreprises.

Lors d'un brainstorming sur la réduction du niveau de turn-over, un de nos manageurs dit : « il faut faire venir les familles. En effet, le salaire d'un de nos collaborateurs fait vivre 3 ou 4 personnes. Si la famille voit où il travaille, la pression pour y rester sera forte… ». Pendant plusieurs weekends on a organisé une noria de cars pour faire venir les familles, et, le turn-over a baissé de moitié. On a aussi aménagé l'open-space avec une « place de village » avec un arbre au milieu (en plastique), des fleurs renouvelées tous les jours, et des autels pour quelques divinités.

Rédemption par la réincarnation

Certains entrepreneurs vont parfois plus vite que la réalité. Nous surveillions de près une entreprise concurrente ; nous ne comprenions pas leurs chiffres, pourtant audités par un des Big 4. Un jour, le scandale éclate : surfacturation, cavaleries entre filiales, scandale boursier, procès, prisons, rachat par un concurrent, licenciement, etc. bref la litanie des avatars habituels dans pareil cas. L'entreprise était fondée par des frères de la religion Jain, qui croit à la réincarnation. Lors du procès, ceux-ci font amende honorable, s'excusent et surtout promettent quand ils seront réincarnés, dans une prochaine vie, ils feront mieux. Je ne sais pas ce que les actionnaires et collaborateurs en ont pensé.

Dictature et démocratie

Parfois, quand on me demande de comparer l'Inde et la Chine, je réponds outre que c'est un exercice délicat qu'à mon humble avis :

« L'avantage et le problème de l'Inde est d'être une démocratie, et pour la Chine, une dictature ».
On a vu pour la Chine, l'efficacité de leur planification et les moyens que la région et le parti local ont. La liberté d'expression y est néanmoins bridée (essayez vos sites web favoris à Pékin, ... Le Monde, Le FT, WSJ censurés !).
La démocratie indienne est très vivante, et source d'inefficacité majeure, voire dangereuse. Il y a plusieurs exemples, comme le nouvel aéroport de Mumbai. A côté du bureau de Capgemini à Mumbai, il y une route à 2 fois 4 voies. Un matin, énorme embouteillage, le pont traversant la rivière est en reconstruction, et ils dévient les voies sur le côté. Evidemment arrive la mousson, rendant les déviations non praticables, et en même temps, les populations aux alentours ont installé leur campement sur le nouveau pont en construction qui est parfaitement drainé. Comme ce pont était à l'intersection de 4 circonscriptions électorales, il a fallu pas moins de deux années de palabres et autres négociations pour reloger tout le monde, et finir le pont avec 4 ans de retard ! assez loin des délais pour construire un centre technique dans la banlieue de Shanghai.

Minute d'œnologie :

Les vins indiens deviennent meilleurs au fil du temps, les blancs en particulier. Cependant, trouver le bon fit avec leur gastronomie est parfois compliqué, vu le niveau d'épices utilisé.

10. Italie

L'Italie est un pays béni des dieux, avec son climat, ses paysages. Je suis un fan de Palladio et du Bernin. Leur gastronomie et leurs vignobles, et cette langue sublime, lié à leur style de vie. La fragmentation de l'Italie est très forte, le Nord-le Sud, mais plus profondément, le Romain, le Napolitain, le Milanais, le Sicilien, ...

Dans les affaires, l'Italie est un endroit compliqué, où tout s'arrange si vous avez les bons réseaux, également, un très bon marché pour le conseil malgré des taux assez bas par rapport au reste de l'Europe.

Quelques exemples : j'ai beaucoup travaillé avec les deux grandes banques UniCredit et Intesa. Bien sûr, les anciens d'un des concurrents sont toujours très présents, mais la connexion par le monde académique est aussi très utile, merci HEC Paris, et l'IESE, voire l'Opus Dei.

Quelques anecdotes à propos des affaires en Italie donneront une couleur :

Trois jobs sinon rien !

Capgemini a acheté une entreprise de consulting en Italie, et, je suis nommé en charge d'une partie de l'intégration. Les trois partenaires responsables de cette activité se font très discrets, impossibles à contacter, jamais présents aux rendez-vous fixés, bref ils fuient.

Après six mois d'une course poursuite inefficace, sur la suggestion du Groupe, il est fait appel à des détectives, anciens de la CIA, pour repérer ce qu'ils font vraiment. Peu de temps après, le verdict est simple : « ils passent au bureau de temps en temps, sont en train de créer une société concurrente ensemble, et s'occupent aussi de leurs entreprises familiales ».

Je m'en suis fait un axiome italien : un manageur italien a toujours trois jobs : l'officiel, le futur et celui de la famille. Un axiome ne nécessite pas de démonstration, mais l'observation statistique le vérifie. A l'occasion, j'ai été surpris de la rigidité des lois italiennes sur le licenciement surtout pour des cadres bien rémunérés avec une faute grave évidente.

Dieu et la banque

Nous menons un projet pour une grande banque française sur l'acquisition d'une banque à réseaux italienne. Le président d'une banque locale dans une de ces villes magnifiques de la Plaine du Po nous demande de venir les voir avec le client. Nous sommes reçus dans la salle du conseil d'administration. Les fauteuils et les sous mains sont en cuir gravés au nom des administrateurs, tous industriels du Nord, et de l'évêque du diocèse. La conversation est très fructueuse, et la discussion roule sur les prochaines étapes. Le président dit alors : « le prix conviendra à nos associés et les conditions de reprise semblent également acceptables. Néanmoins, il faudra évidemment aller voir la Banque d'Italie, et aussi Monseigneur M au Vatican, sans leur accord rien ne se fera ». Le DG de la banque française, libre-penseur franc-maçon notoire, a pris cela pour une insulte personnelle, et est parti subitement. Fin de cette histoire. Leur parcours après en Italie démontre qu'ils ont trouvé des arrangements avec les dieux !

Consacrée pour toujours

Dieu justement. Nous louions des locaux à Rome, à la Contessa P., près de la place de Venise, au pied du monument dédié à Victor Emmanuele (dit « la machine à écrire » par les romains) dans un bâtiment fin XVII ième, une ancienne chapelle privée, endroit magnifique avec mosaïque, fresques, etc. mais des bureaux modernes avec un open space dans la nef.
Je venais quasiment toutes les semaines à cette époque, et le bureau de passage que j'occupais se situait dans le cœur. Un matin, le patron italien vient me voir en demandant mon avis : « que fait-on avec la lettre du Vatican ? Quelle lettre ? celle qui dit que l'église est toujours consacrée et qu'en vertu d'un accord de 1670, une messe doit y être dite une fois par semaine !

Tu laisses ton bureau ou tu dis la messe ? » Nous avons négocié le prix avec la Contessa, et cela s'est arrêté là.

Berlu ou la berlue

Dernière anecdote : Nous embauchons un banquier senior, également ancien DG de l'association des banques italiennes, un romain avec un carnet d'adresses impressionnant et efficace. Deux ans après, il m'appelle : « Bertrand, je viens d'avoir un coup de fil du Premier Ministre, il m'a nommé hier responsable d'un fonds d'Etat pour les monuments historiques. Je n'ai pas le choix. A bientôt ! »

Dieu, la politique, les réseaux, la famille, etc., tout semble imbriqué plus qu'ailleurs en Italie.

Minute d'œnologie :

Les vins en Italie sont sublimes avec la même limitation qu'en France. La qualité des vignerons appellations est très variable. Une recommandation : une appellation méconnue produit des vins d'une grande finesse : Carema, au Nord de Turin sur la route du Mont Cenis, pas facile à trouver. Avec la France, la Thaïlande et le Maroc, la gastronomie italienne est un vrai bonheur. N'oubliez pas de prendre un espresso dans un bar avec les petites pâtisseries du matin ! Des épicuriens ces italiens !

11. Japon

Ma première rencontre du Japon a été un traumatisme. Je venais de Californie, par l'Alaska (l'aéroport d'Anchorage est un endroit lunaire), arrivé un dimanche soir, et, le premier rendez-vous le lundi matin. Le décalage horaire et la fatigue aidant, j'ai cru m'évanouir plusieurs fois.

J'en ai retiré une leçon pour le futur, toujours partir avec un jour de tampon dans les pays à fort décalage horaire comme le Japon, la Californie, la Chine ou l'Australie, l'« héroïsme » ne ménage pas votre santé.

Tokyo est une ville absolument magique par la variété de ses quartiers et l'agitation qui y règne. Travailler avec les japonais est d'abord un défi linguistique, ensuite, il est très difficile de lire leurs réactions. A part cela, dans la banque et l'assurance, l'innovation et la productivité sont assez faibles. La grande crise immobilière et le manque de croissance ont figé les initiatives. Néanmoins, il y a des idées marketing intéressantes. Une banque se dénomme Tomato Bank car leur service se veut être aussi frais et appétissant qu'une tomate ! ou une autre se dénomme « la banque de la fête du printemps » (une fête nationale au Japon), pour renforcer leur ancrage local, comme si une banque s'appelait « Banque du 14 Juillet » en France ou « Banque du 4 juillet » aux Etats-Unis.

Je suis revenu assez souvent au Japon à l'occasion d'un accord avec une grande entreprise nationale NTT. NTT l'opérateur téléphonique a une filiale de services informatiques à qui Capgemini avait vendu sa filiale de conseil, avec un accord de partenariat pour les aider en Europe. Mon patron de l'époque m'avait nommé responsable du partenariat car les Services Financiers allaient être essentiels pour la coopération ; à moi de trouver la voie. Sur la base de nos compétences dans les paiements, nous avons fait avec eux un projet critique pour l'association des banques japonaises, la refonte du système de compensation et de règlement des paiements de tous montants basés sur la nouvelle norme (à l'époque) ISO 20022.

Dormir et écouter

Ce projet est venu d'une réunion avec leur équipe Financial Services. Cela a failli mal se passer.

La réunion a démarré devant l'équipe, et le grand patron présent, par une présentation que je faisais de nos compétences et des options pour une coopération, présentation préparée avec soin avec notre « aimable correspondant ».

Quasi immédiatement après que j'ai commencé, le grand patron s'endort. Quand cela arrive, en bon occidental, je m'arrête et attends qu'il se réveille ; si mon propos les embête pourquoi continuer, on gagne tous du temps. L'interprète me donne discrètement un coup de pied, en me disant de continuer, « do in Rome as Romans do » diraient les américains. Donc, je poursuis. A la fin de la présentation, le grand patron se « réveille » et pose trois questions pertinentes sur la présentation, démontrant qu'il avait parfaitement suivi, et, développe l'idée de reconstruire ensemble ce système de compensation ; bref, une réunion très fructueuse. En débriefant la réunion, j'interroge l'interprète qui développe l'argumentaire suivant : le grand patron au Japon est par définition infaillible, et, de fait ne peut rien apprendre de personne, surtout pas d'un étranger ; ni perdre la face devant ses collaborateurs, donc pour ne pas perdre la face, il doit faire semblant de dormir. Soit. Dans l'avion du retour, je suis tombé par hasard sur une revue américaine donnant des conseils pour les hommes d'affaires non japonais au Japon, entre autres de ne pas être surpris si le patron s'endort, de bien calculer l'inclinaison du buste quand vous saluez quelqu'un, trop est obséquieux, pas assez est insultant, et de prévoir toujours des chaussettes non trouées pour les repas d'affaires car on dine assis en tailleur sans chaussures. Le partenariat a continué jusqu'à ce qu'ils achètent une entreprise en Allemagne visiblement à l'encontre des accords. Ils ont cherché alors à m'embaucher pour développer l'Europe, comme quoi une certaine complicité avait dû s'installer.

Minute d'œnologie :

La variété des Saké est infinie, et les saveurs sont très subtiles, même si le servir chaud est parfois déroutant pour un palais européen. Du saké avec des anguilles est un repas de roi.
Lors d'une rencontre avec le patron de la filiale de conseil, un ancien de la Banque Centrale du Japon, je remarque derrière son bureau, une cave à vin, thermorégulée typiquement européenne. Il me l'ouvre avec plaisir, tout en me précisant que sa maison est trop petite pour l'y loger. A l'intérieur, douze grands bordeaux, Margaux, Latour, Yquem, etc. Cet homme fort sympathique m'invite à diner. C'est l'année de la publication du premier guide rouge Michelin au Japon, donc rendez-vous est pris dans un restaurant étoilé. En arrivant, une de ses bouteilles était en train de décanter dans une carafe, il l'avait fait porter dans l'après-midi pour qu'elle soit parfaite pour le diner. Quel diner, quelle inventivité ! En rentrant à Paris, je lui ai envoyé trois bonnes bouteilles de ma cave (merci Serge, voir plus haut). Une amitié était née.

12. Pays de l'Est

Pays de l'Est recouvre un ensemble très hétérogène de pays, et je n'y ai pas beaucoup travaillé, à part en Russie, en Pologne et en Autriche. J'ai mené des meetings et des présentations dans certains de ces pays comme la Tchéquie, la Croatie, la Slovénie et la Roumanie.

Les premières interactions avec la Russie furent liées à l'un de mes partenaires norvégiens (dont je supervisais l'activité) qui avait ouvert un bureau à Moscou pour suivre un armateur, et avait développé une activité de conseil en stratégie. Un jour, il m'appelle en me disant que deux de ses trois clients venaient d'être assassinés dans la rue, que devait-il faire ? Je prends un avion pour le rencontrer dans la zone internationale de l'aéroport de Moscou, il était assez traumatisé, et pour cause. Il est reparti aussitôt à Oslo, et, on a plus entendu parler de la Russie.

Des clous dans le bilan

La deuxième expérience avec la Russie est liée à la chute du mur de Berlin. Une grande banque française nous confie un travail sur l'identification des opportunités dans 4 pays de l'Est (Pologne, Hongrie, Roumanie et Russie (les plus peuplés). En bon consultant, un tel travail suppose de rencontrer quelques-uns des acteurs de ces marchés. En Russie, rendez-vous est pris avec une banque identifiée comme innovante par l'équipe. Nous arrivons dans une datcha autour de Moscou, un bâtiment de style baroque XVIIIème, magnifique, dont le hall est rempli de pneus à clous (sic). Le Président nous reçoit et nous déroulons le questionnaire habituel : positionnement, clients, bilans, etc. Au bout de 10 minutes, il sort de son tiroir une dague d'au moins 50 centimètres et se met à la manipuler de plus en plus nerveusement. L'entretien a été écourté et nous nous sommes engouffrés dans le taxi qui nous attendait. L'ambassade nous a confirmé l'hypothèse que cette banque était liée à une des mafias locales.

La troisième expérience est aussi pour une grande banque française qui a acquis un de premiers établissements Russes. Nous les avions aidés sur le montage d'un nouveau reporting financier. Nous avions pour nous conseiller un ancien banquier franco-russe, ami de Poutine. Toutes les semaines, il nous faisait passer un dossier pour trouver des investisseurs pour des activités comme, le rachat d'une base militaire qui pouvait servir de base logistique, mais avec un contrat de surveillance pour un ami de Poutine, pour une coopérative laitière dont les approvisionnements étaient contrôlés par un autre ami, et ainsi de suite.

Je n'ai donc qu'une vision très partielle de la Russie, néanmoins récemment on a mené un projet « normal » pour une des grandes banques russes.

J'ai beaucoup de « tendresse » pour la Pologne, et d'admiration pour leur récent parcours. Les banques ont sauté une génération technologique pour se positionner immédiatement dans le digital, avec grand succès. Chez Capgemini, nous avions un centre d'outsourcing à Cracovie, notamment pour des taches de comptabilité pour des clients assureurs. Les Polonais sont de grands professionnels, et souvent peu arrogants avec qui il est très agréable de travailler. Cracovie a autant de noms que d'envahisseurs au cours du temps comme Breslau, Krakow. C'est une ville magnifique dominée par le château de Wawel au bord de la Vistule, où est enterré Jean Paul II. C'est aussi un centre universitaire catholique majeur. Il y a environ 200 000 étudiants. Dans le centre de Capgemini, il y avait environ 40 langues parlées, un bon endroit combinant compétences, capacités linguistiques et bonne équation économique.

L'Autriche est aujourd'hui un pays de 10 millions d'habitants qui a été le centre d'un empire puissant. Vienne, la capitale, est une ville envoutante par les réminiscences du passé, ses palais, ses musées, ses salles de concert, ses cafés, son architecture (qui a essaimé à Turin ou Trieste), ses expressions d'avant-gardismes, etc. Tout cela parait, et pour cause, trop grandiose pour la taille actuelle du pays. Les grandes banques internationales, notamment italiennes, françaises et hollandaise ont naturellement leurs « sièges Pays de l'Est » à Vienne, dans ces anciens palais, dont la taille est si imposante. Une histoire illustre d'ailleurs cette perception. Otto von Habsbourg, l'héritier de la longue dynastie des empereurs d'Autriche-Hongrie, était député européen, interrogé à Bruxelles sur son pronostic du score d'un match de foot, Autriche Hongrie, il aurait répondu : « mais contre qui ? ». Ah, les habitudes !

Minute d'œnologie :

Les pays de l'Est sont réputés pour la vodka, et à part une fabriquée en Pologne avec une étiquette représentant un bison et une herbe à l'intérieur, je ne les digère pas du tout.
La Hongrie produit des vins de Tokay, les assureurs français ont des parts dans ces vignobles. C'est très agréable en apéritif ou en dessert. Plus aléatoires, mais souvent excellents, sont les Icewien autrichiens (comme les canadiens d'ailleurs) à partir de cépage Riesling.

13. Pays nordiques

Les pays nordiques regroupent quatre pays qui ont peu de choses en commun, sinon quelques ennemis (Suède et Russie), et un accrochage viscéral à l'Europe, sauf la Norvège, techniquement.

Dans la combinatoire, appartenance à L'Union Européenne et appartenance à L'Euro, les pays Nordiques présentent toutes les configurations. Cela rend la vie des affaires plus compliquée. Les Pays baltes en revanche cherchent l'ancrage européen le plus ferme possible. La Suède est un pays central dans l'histoire de ces pays, car ils ont été envahis par les suédois, parfois cela crée encore des tensions fortes. J'ai beaucoup travaillé aux différentes étapes de la construction d'une banque pannordique, Nordea. La dose de diplomatie pour ne pas froisser les susceptibilités nationales m'est apparue plus élevée qu'en Europe continentale. De plus, en rajoutant les trois pays baltes dans l'équation, la complexité s'accroit, car ce sont des petits pays à forte personnalité. Leurs systèmes bancaires restent très fragmentés. Le Danemark a un de ces systèmes bancaires liés aux paroisses qui datent du moyen âge. Ils fonctionnent encore sur le principe d'une caisse de crédit et de solidarité très locale.

Il y a d'ailleurs dans de nombreux pays ces systèmes de Credit Union qui sont la version plus élaborée des Institutions de Microfinance chères au cœur de Mr. Yunus de Grameen Bank et de Jacques Attali.

Ces systèmes bancaires « pour les pauvres », relativement sophistiqués, reposent sur la confiance mutuelle et la solidarité. C'est un des objectifs de Planet Finance, devenu Positive Planet, de développer l'accès aux financements dans les pays en vies de développement, et dont j'ai été administrateur 20 ans. (Voir Chapitre 1).

Marin d'eau douce et salée

L'art de vivre nordique, comme partager un sauna avec ses clients, s'imbrique avec le monde des affaires, tous les jours. En Suède, nous préparions la fusion de deux systèmes de règlement livraison de titres. A un stade préliminaire, les patrons voulaient discuter discrètement. Nous avons donc loué un bateau (ex bateau de course des années 30 en acajou, un bijou d'architecture navale), et en faisant le tour de Stockholm, de la partie eau salée à la partie eau douce et retour, en buvant de l'aquavit et en mangeant du saumon sous tous ses formes ou presque, le deal a été scellé.

Tout le monde saute !

Nous faisons l'acquisition en Norvège d'une entreprise de conseil crée par un ancien ministre des Finances. Je fais partie de l'équipe d'intégration. En arrivant à Oslo, le patron, nous dit qu'il y a une cérémonie d'intronisation quasi obligatoire. Il fait nuit, on prend un ascenseur, et on se retrouve sur la plateforme de lancement de Holmenkollen (le tremplin olympique de saut à ski), et de nous inciter à se lancer ! Très impressionnant, évidemment, c'était de l'humour ! Mais tous les nordiques savent sauter à ski !

Minute d'œnologie :

L'aquavit et la vodka sont les deux productions locales dont la variété de goût est peut-être la manière de les apprécier ?

14. Suisse

La Suisse est une confédération de cantons indépendants. Dans le système bancaire, l'état fédéral a certes un régulateur unique, il y a néanmoins plusieurs couches de système bancaire : les banques cantonales et les banques coopératives (Raiffensen) qui traitent, comme en France ou en Allemagne, des particuliers et des PME ; les deux grandes banques internationales (UBS et Crédit Suisse, les « gnomes de Zurich » chers à certains !) qui s'occupent de l'international, et enfin, les banques privées qui traitent de la clientèle fortunée.

Les coups de butoir des Américains et des Européens (épaulés par L'OCDE) pour la lutte contre le blanchiment d'argent et l'évasion fiscale, ont eu l'effet d'un tremblement de terre sur les banques privées.

La disparition du secret bancaire conduit, progressivement à une réduction drastique du nombre de banques en Suisse. Comme dit un banquier genevois de mes amis : « Aux Suisses de démontrer que leur valeur ajoutée en tant que banquier privé est réelle, et pas basée sur des privilèges réglementaires ...douteux ». The jury is still out !   Il est vrai que l'on peut constater un écart patent entre un pays si respectueux des règles et des activités bancaires initialement si éloignées des pratiques internationales, dans tous les cantons.

Minute d'œnologie :

Je suis allé courir le Bol d'Or sur le Lac, une régate pour faire le tour du Lac qui réunit tous les ans environ 500 bateaux de tous types. Mes amis genevois avaient amené du rouge de bonne qualité, et surtout des blancs excellents. Sur les coteaux exposés au sud, à coté de Lausanne, les caves sont excellentes et le paysage est idyllique.

15. Autres pays

J'ai eu le plaisir de travailler dans quelques autres pays, plus ou moins longuement, et je vous soumets quelques souvenirs et anecdotes parfois drôles.

15.1) Afrique

Je connais peu l'Afrique et les expériences que j'y ai eues ne m'incite pas à explorer plus avant, probablement à tort.

Au Cameroun, j'ai été arrêté à un poste de contrôle entre Douala et Limbé, pris en otage par des militaires en état d'ébriété, avec mes camarades de mission. Le vétéran de l'Afrique qui était avec nous n'était pas très rassurant ; puis ils nous ont rendu les passeports confisqués et on est parti, sans explications.

Le monde est un village

Je faisais un travail de carénage du terminal pétrolier de la raffinerie de Limbé, où Total y avait des intérêts. En préparant les travaux, le patron de la raffinerie fait venir le responsable de la sécurité, un certain Mr S. Limbé est un endroit perdu entre le Cameroun et le Nigeria, au pied du Mont Cameroun, où il pleut jusqu'à 8 mètres d'eau en deux mois, un record mondial je crois, e, là se trouve devant moi, Mr S, le fils du jardiner de ma tante, qui vit en Picardie, à Saint Leu ! Le monde est finalement si petit...

En Côte d'Ivoire, mon expérience de la corruption active (tant dans les entreprises que dans les services publics) m'a laissé des souvenirs perplexes.

15.2) Arabie Saoudite/Emirats Arabes Unis

Chez The MAC Group, nous avions un client saoudien, installé à Londres et à Djeddah. J'ai passé plusieurs très longs séjours à Djeddah, enfermé dans un espace pour étrangers. J'ai pas mal circulé aussi dans ce pays, visitant les implantations du client. En rentrant de Ryad, je me suis retrouvé dans un avion, le seul non musulman en costume cravate, les autres se préparant au pèlerinage à la Mecque quasi nus, avec une serviette éponge autour de la taille et du buste. L'image est restée gravée dans ma mémoire. Un bon symbole de l'emprise de la religion sur ces pays.

Je vous ai à l'œil

Dans une réunion avec les grands chefs, je suis invité à partager leur déjeuner. Dans une salle immense, tout le monde assis en tailleur autour d'un mouton sur une pyramide de riz. Le patron, me considérant visiblement comme l'hôte d'honneur, m'offre l'œil du mouton et se garde le second pour lui. Parfois, pour pas vexer les clients, il faut donner de soi !

Les Emirats Arabes Unis, et Oman, c'est un tout autre monde que l'Arabie Saoudite, par leur ouverture d'esprit, et aussi parce que 95% des emplois sont occupés par des émigrés, occidentaux et des pays en voie de développement. Mais comme pour l'Afrique, les palestiniens et les libanais forment un tissu économique puissant et structuré.

L'Ecosse dans le sable !

Pour l'alcool, il peut arriver des choses surprenantes. Evidemment, si vous voulez garder vos mains, il vaut mieux ne pas boire en public.

Je me trouvais un weekend au Qatar, dans les années 80. Un partenaire de travail de Total, un écossais, m'invite à jouer au golf sur un Brownie (un golf ou les fairways et green sont composés de sable compacté, cela a bien changé depuis).
A la fin de la partie, au club house, il ferme soigneusement la porte, sort une petite clé pour ouvrir un placard avec 150 whiskies différents !

15.3) Argentine

Je suis allé en Argentine plusieurs fois, d'abord pour Total et ensuite quand l'une de mes filles y était installée pour un échange universitaire. C'est un pays magnifique, mais au système social et politique créant une instabilité permanente.

Pas de marché noir ?

Quand j'étais chez Total, au milieu des années 1980, un de nos partenaires était la compagnie pétrolière argentine YPF. Lors d'un diner de l'équipe, mon voisin, un argentin, grand manitou chez YPF, me demande comment est géré le « cours du Franc contre le Deutsche Mark au marché noir ». J'ai eu beau expliquer le détail du système monétaire Européen, de l'ECU, il ne m'a jamais cru. Dans un pays à plus de 100% d'inflation par mois, savoir se protéger en achetant des dollars est un exercice vital et bien comprendre les marchés noirs et officiels.

Quatre tiers

Un fois apaisé et souriant, je lui demande de me décrire un « argentin typique ». Je le fais dans tous les pays où je vais, en prenant toutes les précautions oratoires idoines, juste pour avoir un « son de cloche », un éclairage de chacun sur son pays et ses compatriotes. Il me répond : « les Argentins c'est facile à comprendre, ils sont un tiers Espagnol, un tiers Italien, un tiers Français et un tiers Anglais. Certes, mais cela fait beaucoup de tiers, non ? Non, nous sommes très forts !» Rien à ajouter.

L'Argentine produit des vins extraordinaires dans la région de Mendoza pour les rouges en cépage Malbec, et dans la région de Salta pour des blancs (Valle de Cafayate notamment, cépage Torrontès)

15.4)   Australie

L'Australie, « down under » est comme la Californie, La Chine et le Japon, très éloigné de l'Europe et avec un fort décalage horaire. Donc c'est loin de tout, la région Asia-Pac gérée de Sydney, suppose *a minima* 10 heures de vols pour Tokyo, Hong Kong, Pékin, etc. La baie de Sydney est une des plus belles du monde, notamment avec Marseille, San Francisco, Brest et Rio. Le système bancaire est concentré et relativement innovant en particulier dans les paiements.   Les australiens sont des gens ouverts et curieux de nature, et par « héritage », ce sont des anglo-saxons. Les grandes villes, où je suis allé, Sydney et Melbourne assument cet héritage européen. J'ai passé un long week end dans les vignobles au Nord de Sydney, Hunter Valley (j'y ai d'ailleurs vu plus de chameaux que de kangourous...). Les vins peuvent être excellents, malgré tout, la chaleur se ressent dans le degré d'alcool.

15.5) Brésil

J'ai eu un aperçu du Brésil à la demande des équipes de Capgemini, et un peu avec Total. A Sao Paolo, ville tentaculaire, étouffante et apparemment toujours bloquée par les embouteillages, nous avons fait le tour des Banques. Toutes les banques où on rencontrait le président ou le DG avait leurs propres milices et les immeubles ressemblaient plus à des forteresses qu'à des bureaux.

Ménages à trois et reine de beauté

J'y suis retourné pour faire un audit de la filiale qui ne marchait pas bien. Le plus « drôle » était de comprendre qu' en fait, les trois patrons (une femme et deux hommes) vivaient ensemble en ménage, difficile alors de restructurer rationnellement.
Je ne crois pas trop au hasard, même je ne comprends pas toujours comment les choses arrivent : j'étais dans un avion pour Curitiba de San Paolo, un tirage au sort de produits de beauté pour ces dames était organisé à l'aller et au retour. J'ai gagné les deux, alors que je ne gagne jamais les tirages au sort ou les loteries. Un hasard ou un message, je n'ai jamais su !

La Baie de Rio (et ses plages), avec celles de Marseille, de la presqu'ile de Crozon/Brest, et de San Francisco est un endroit à la beauté envoutante. A part la Caïpirinha, les vins brésiliens restent à découvrir.

15.6) Ecosse

La première fois que je suis allé en Ecosse, je devais avoir 11 ans, et j'ai joué le parcours de Saint Andrews avec mon oncle, aucun souvenir ! c'est lui qui me l'avait rappelé.

L'Ecosse est en « association » avec l'Angleterre depuis le début du XVIIIème siècle. Comme une nation de taille modeste, avec les ressources pétrolières fortes utiles à l'Angleterre, l'Ecosse a développé une stratégie de son pays, comme une entreprise quasiment. Les axes de développement sont clairs et les moyens en politique fiscale, d'éducation, de recherche et de financement sont mis en cohérence, notamment dans la gestion d'actifs et les back offices de la Finance au sens large. Cela a été un grand succès jusqu'au Brexit...

Je ne vous ne parlerai pas des whiskys... admirables. Edimbourg est une ville au charme infini.

15.7) Portugal

Les opportunités de travailler au Portugal ont été liées aux privatisations après la fin de la révolution des œillets. Les grands groupes qui avaient nationalisé ont été petit à petit reconquis par leurs anciens propriétaires. En fonction de leurs activités au Brésil ou en Afrique lusitanienne, ils avaient plus ou moins les moyens de reconquérir la mère Patrie. J'ai travaillé notamment pour un groupe qui avait l'appui d'une grande banque française, puis pour la fusion de deux groupes portugais, et enfin pour un groupe familial sur le regroupement de 4 établissements bancaires.
Les Portugais sont naturellement d'une grande modestie. Un petit pays, qui a aussi perdu un empire, et qui est à l'ombre d'un voisin facilement ombrageux. Ils sont aussi capables d'une grande souplesse et créativité. Le milieu des affaires est un microcosme très bien interconnecté.

Morue, open space et Miss Marple

La gastronomie portugaise réserve des surprises, comme la tête de thon grillé. Bien sûr la brandade de morue est le plat de référence.

A ce sujet, une anecdote olfactive et savoureuse. Nous menons un projet pour une grande banque pour les entreprises en Europe en regroupant tous les back offices de traitement des opérations de comptes courants, de crédit, de paiement et de crédit documentaire de ses 37 filiales européennes en un seul site à Londres, un gros travail.

Le chef de projet est un collaborateur portugais, un travailleur acharné, avec un MBA américain. Un matin, en arrivant à Londres, le client me dit que les syndicalistes de la banque veulent me voir d'urgence, et, le sujet lui échappe totalement. Cela ne concerne que moi parait-il.

Je fais le tour des bureaux, un grand open-space de forme ovale, distribuée par trois grands couloirs traversants, deux de ces couloirs ont des salles de réunion et les cuisines, rien ne transparait. Le lendemain, la réunion avec les syndicalistes, deux Miss Marple si je peux me permettre, se tient. La discussion a du mal à démarrer, visiblement il y a quelque chose de gênant. L'une finit par se lancer : « pourriez-vous demander à JP d'arrêter de réchauffer à midi sa brandade de morue dans les micro-ondes de la banque ? Tous les jours l'odeur se répand dans l'open space, et on en peut plus ! ». Le chef de projet arrivait le lundi et repartait le vendredi, et son épouse lui préparait sa brandade pour la semaine...Il a fallu négocier avec lui et le pub du coin pour trouver une solution, et il ne s'est jamais mis au Fish and Chips.

Lisbonne est une ville au charme désuet, un port au bout d'un estuaire, avec une modernisation des alentours, grâce aux fonds européens, qui a transformé la région et le pays profondément. Les vins portugais sont d'une grande qualité et d'une grande variété. Le fameux vin « verde » porte bien son nom. Quant aux vins de Porto, les meilleurs se trouvent à Londres, sublimes.

Ah Maubeuge, la plus belle ville du monde !

Dernière remarque très personnelle : la question « quelle est votre ville préférée de toutes celles que vous connaissez ? quelle est la plus belle ville du monde ?» arrive très souvent. J'ai toujours eu du mal, ni Paris, ni Londres.
En fait, je ne sais pas répondre à cette question. Les villes où j'ai passé beaucoup de temps sont attachantes voire envoutantes par certains angles, et difficiles par d'autres.
De plus, chaque ville génère un « art de vivre » qui est consubstantiel. New York, Rome, Rio, Madrid, Barcelone, Paris, Zurich, Genève, Shanghai, Stockholm, Mumbai, Vienne, Péking, Tokyo, Sydney, etc. Ce sont des ensembles : des architectures, des paysages, des sites, des gens, des traditions culinaires, des infrastructures, des odeurs, des comportements... c'est un ensemble, amoureux de toutes mais pas fidèle ! Une anecdote restitue aussi une opinion implicite commune : « Un de mes amis de la Marine Nationale, avait la responsabilité de surveiller un poste radio sur une ile paradisiaque dans le pacifique, sable blanc et mer bleue toute l'année. Il avait un acolyte, qui tous les jours, regardant la mer disait : « ah ! Maubeuge quel belle ville ». (N.B. : Maubeuge est une ville du Nord de la France construite de briques et dont les environnements post-industriels conduisent à une couleur grise assez uniforme. La ville où je suis né est la plus belle du Monde ! ».

Remerciements

Je tiens à remercier quelques relecteurs de ce manuscrit. Leurs commentaires ont permis de le rendre meilleur.

Références/Bibliographie

- **E-Marketing de la Banque et l'Assurance** Michel Badoc, Bertrand Lavayssière, Emmanuel Copin   Eyrolles
- **Emotional Intelligence**: Why it Can Matter More Than IQ Mass Market Daniel Goleman   Bloomsbury
- **Global teams** Jo Owen FT Publishing
- Control Your Destiny or Someone Else Will Jack Welch Doubleday
- **Managing the Professional Service Firm** David Maister Free Press
- **Propos de O.L. Barenton, confiseur** Auguste Detœuf Éd. Du Tambourinaire
- **Power base selling** Jim Holden, Ryan Kubacki John Wiley & Sons
- **Strategor** Bernard Garrette, Laurence Lehmann-Ortega, Frédéric Leroy, Pierre Dussauge, Rodolphe Durand et al.   Dunod
- **The Trusted advisor** David Maister, Charles Green, Robert Galford Simon & Schuster
- **Transforming the organization** Francis J. Gouillart, James N. Kelly McGraw Hill
- **Wealth** Robert J McCann, Bertrand Lavayssière John Wiley & Sons
- **We Europeans** Richard Hill Europublications
- **1000 years of annoying the French** Stephen Clarke Black Swan
- **" Les hommes viennent de Mars. Les femmes viennent de Vénus"** John Gray
- **Why Men Don't Listen and Women Can't Read Maps: How We're Different and What to Do About it**, par Allan Pease et Barbara Pease, 2001

- **The Co-Creation Edge:** Harnessing Big Data to Transform Sales and Procurement for Business Innovation par Francis Gouillart et Bernard Quancard 2016
-

Revue d'Economie financière : https://www.aef.asso.fr/ numéros 120 et 131
World reports: https://worldreports.capgemini.com/
EBS zeb : https://www.bankinghub.eu/tag/ebs
www.w3.org
www.positiveplanet.ngo
www.blavayssiere.com

Index des noms cités

A

ABN Amro, 42, 172, 173, 183
Accenture, 43, 135
ADL, 57
Alaska, 254
Anchorage, 254
Ansoff (Igor), 255
Answork, 42
Antonveneta, 42, 172
Apis, 42
Ares & Co, 46, 135, 159
Argentine, 22, 23, 266, 267
Attali, 43, 261
Australie, 255, 267

B

Badoc, 25, 28, 36, 273
Bain & Cie, 81
Bain Capital, 81
Bale, 210, 234
Bank of America, 35
Barcelone, 21, 167, 238, 239, 271
Barre, 21
BBZ, 31
BCE, 210
BCG, 81, 135, 138
Bernin, 251
big 4, 73
Bilweis, 18
BNPParibas, 172, 173
Bossard, 135, 185
Boston, 47, 240
Boucher, 194, 195
Bourgogne, 232, 244, 247
BPO, 58
Breslau, 259
Brexit, 226, 231, 232, 269

C

CaixaBank, 238
Californie, 241, 254, 255, 267
Cambridge, 240
Cameroun, 22, 264
Capgemini, 13, 31, 32, 33, 37, 38, 39, 42, 43, 46, 50, 57, 59, 69, 73, 74, 158, 159, 161, 165, 170, 178, 179, 181, 185, 186, 187, 190, 194, 195, 199, 235, 237, 239, 242, 247, 248, 249, 251, 252, 255, 259, 268
Carema, 254
Catalogne, 254
Centrale, 20, 22, 245
Chantilly, 18
Charles Schwab, 26
Chennai, 248
Chicago, 26, 240
Chine, 22, 40, 60, 224, 225, 233, 235, 236, 245, 250, 251, 255, 267
Churchill, 22
Cichowlas, 37
Cobol, 60
Cognizant, 43
Colonel Tejero, 238
Copin, 36, 273
Côte d'Ivoire, 22, 264
Cracovie, 259
Crédit Lyonnais, 206
Credit Union, 261
Cybercomm, 42

D

Deloitte, 73
Desmarès, 41
Djeddah, 265
Donald Trump, 226, 241
Douala, 264
DTCN, 20, 22
Dupin, 46

E

E&Y, 37, 44, 73, 135, 170, 185, 186, 242
EBA, 210
Ecole Navale, 20
Edimbourg, 173, 269
Efma, 41, 42
EIOPA, 210
e-marketing, 36, 214

ESMA, 210
Eton, 245
Europe, 31, 33, 34, 66, 90, 150, 157, 159, 160, 166, 176, 204, 205, 210, 225, 228, 229, 235, 238, 241, 252, 255, 256, 260, 261, 270

F

Fidelity, 26
Figer, 37
Floride, 240
Fortis, 172, 173
Franco, 238, 239
Frick collection, 195

G

Gamma International, 32, 135, 185
Ganesh, 249
Gemini Consulting, 32, 33, 89, 135, 159, 185
Genpac, 43
Gogel, 26
Gouillart, 32, 224, 273, 274
Grameen Bank, 261
Greiner, 24
Gruber, 135
Guimet, 22
Guiness, 244

H

Harvard, 24, 240, 241
Haspeslagh, 168
HEC Paris, 21, 23, 25, 26, 28, 245, 252
Hermelin, 34, 39, 189
Holmenkollen, 262
Hoskins, 32
Hunter Valley, 267
Hyderabad, 248

I

IASB, 210
IBM, 90
ICICI, 36, 214
IESE, 21, 25, 238, 240, 252
Inde, 40, 43, 44, 124, 167, 225, 243, 248, 249, 250, 251
ING, 42
Insead, 24, 25

Institut Technique du Textile, 19
intelligence artificielle, 222
Intesa, 252
ISO 20022, 255
Italie, 46, 165, 172

K

Kampf, 31, 32, 33, 34, 39, 50, 189, 195, 199, 228, 246
Kanbay, 44, 170, 186
Kelly, 24, 32, 273
Kent, 232
Kloten, 157
Kochhar, 37
KPMG, 73
Krakow, 259

L

Larousse, 22
LBG, 231
Legeny, 46
Lisbonne, 270
Londres, 46, 230, 265, 270, 271
Lou Stern, 24
Louvre, 22
Lowestoft, 230
loyauté, 70, 76, 83, 98, 182, 215, 220
LSE, 25

M

MAC Group, 24, 25, 26, 31, 32, 41, 66, 89, 135, 138, 140, 148, 159, 179, 185, 265
Madrid, 238, 239, 240, 271
Mao, 235
Maroc, 43, 254
Mastercard, 212
Maubeuge, 271
Mauroy, 21
MBA, 21, 23, 24, 25, 26, 124, 229, 270
McCann, 218, 273
Melbourne, 267
Merrill Lynch, 26, 41, 42, 218
Michael Porter, 24
microfinance, 43
MIT Media Lab, 35
ML, 124, 224
Mont Cenis, 254

Montréal, 243
Moscou, 258
Mumbai, 44, 248, 249, 251, 271
Munich, 229

N

Nantes, 20, 44
Near shore, 44
Negroponte, 24, 35
Nordea, 261
NTT, 255
NYC, 195, 242

O

Oliver Wyman, 135
ONG, 43, 49, 224
OPEP, 23
Oslo, 258, 262
Ottawa, 243
Oviedo, 44
Oxford, 245

P

Palladio, 251
Paris, 21, 23, 26, 31, 257, 271
Philippines, 43, 60
Philips, 240
Planet Finance, 43
Positive Planet, 261
Pune, 44, 248
PwC, 73, 135

Q

Qatar, 22, 266
Québec, 243

R

Ramanantsoa, 23
Raymond Barre, 21
RBS, 172, 173, 231
Reduction In Force, 242
Revue Banque, 26
Rioja, 240

Roland Berger, 135
Rome, 164, 165, 253, 256, 271
RPA, 23, 24, 135, 185
Rubens, 194, 195

S

Saint Leu, 17, 18, 264
San Francisco, 35, 240, 244, 267, 268
sciences-po, 245
Seamens, 89
SEPA, 204, 212
Shanghai, 234, 237, 251, 271
Shaw, 166
SLA, 58
Société Générale, 206
Sony, 240
SRO, 231
Stanford, 24
Stockholm, 262, 271
Suffolk, 230
Suisse, 157, 158, 229, 263
Sydney, 267, 271

T

Tata, 43
Technovision, 59
TGIF, 195
Thaïlande, 254
Times Square, 243
Titze, 135
Tokyo, 139, 255, 267, 271
Tomato Bank, 255
Total, 22, 23, 159, 264, 266, 268
Toulouse, 212
TUPE, 242

U

UK, 25, 34, 46, 205, 242
Unicredit, 42
United Research, 32, 185

V

Vancil, 24, 140
Vatican, 253

Villa Médicis, 165
Visa, 212
Volmac, 32

W

Wall Street, 243
World Trade Center, 243

X

Xeres, 240

Z

zeb, 46, 66, 135, 159, 210, 223, 274
Zurich, 157, 263, 271

Bertrand Lavayssière
Dans la peau d'un consultant
Théories, pratiques et anecdotes sur le métier mondial du conseil

Ce livre s'adresse aux lecteurs curieux du métier mondial du conseil sous tous ses formes, décrits à travers les bases du fonctionnement, des éclairages sur les pratiques et émaillées d'anecdotes de la vie réelle, notamment avec des clients. Il s'adresse tout particulièrement aux jeunes diplômés curieux du conseil, sa vie, ses mœurs et les manières de réussir. Les chevronnés du conseil y trouveront aussi des éclairages sur la gestion des entreprises de conseil, et des anecdotes qui devraient leur parler. Les utilisateurs de consultant trouveront également des éléments pour comprendre la profession, et, quelques clés pour mieux en tirer parti. Ayant travaillé sur plusieurs continents, avec de nombreuses entreprises de différentes nationalités et cultures, une partie de ce livre est consacrée au métier dans ces pays, avec le souci de partager une vision de gestion d'une entreprise internationale.

Printed in Great Britain
by Amazon